云南省哲学社会科学创新团队成果文库

"三权三证"抵押贷款风控机制研究
——基于云南的实践

A Study on the Risk Control Mechanism of
"Three Rights and Three Certificates" Mortgage Loans
— Based on the Practice in Yunnan Province

陈爱华　唐源　著

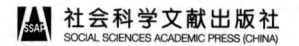

社会科学文献出版社
SOCIAL SCIENCES ACADEMIC PRESS (CHINA)

《云南省哲学社会科学创新团队成果文库》
编委会

主　任：张瑞才

副主任：王建华　余炳武　邹文红　宋月华

委　员：李　春　谭启彬　张　谨　陈　勇
　　　　杨远梅　金丽霞　孙峥嵘　吴　瑛

编　辑：卢　桦　何晓晖　袁卫华

《云南省哲学社会科学创新团队成果文库》编辑说明

《云南省哲学社会科学创新团队成果文库》是云南省哲学社会科学创新团队建设中的一个重要项目。编辑出版《云南省哲学社会科学创新团队成果文库》是落实中共中央、云南省委关于加强中国特色新型智库建设意见，充分发挥哲学社会科学优秀成果的示范引领作用，为推进哲学社会科学学科体系、学术观点和科研方法创新，为繁荣发展哲学社会科学服务的具体举措。

云南省哲学社会科学创新团队2011年开始立项建设，在整合研究力量和出人才、出成果方面成效显著，产生了一批有学术分量的基础理论研究和应用研究成果，2016年云南省社会科学界联合会决定组织编辑出版《云南省哲学社会科学创新团队成果文库》。

《云南省哲学社会科学创新团队成果文库》从2016年开始编辑出版，拟用5年时间集中推出100本云南省哲学社会科学创新团队研究成果。云南省社科联高度重视此项工作，专门成立了评审委员会，遵循科学、公平、公正、公开的原则，对申报的项目进行了资格审查、初评、终评的遴选工作，按照"坚持正确导向，充分体现马克思主义的立场、观点、方法；具有原创性、开拓性、前沿性，对推动经济社会发展和学科建设意义重大；符合学术规范，学风严谨、文风朴实"的标准，遴选出一批创新团队的优秀成果，根据"统一标识、统一封面、统一版式、统一标准"的总体要求，组织出版，以达到整理、总结、展示、交流，推动学术研究，促进云南社会科学学术建设与繁荣发展的目的。

编委会

2017 年 6 月

目 录

第一章 导论 ··· 001
  第一节 研究背景及意义 ·· 001
  第二节 文献综述 ··· 005
  第三节 研究内容 ··· 008
  第四节 研究目标、思路与方法 ·· 009
  第五节 研究的创新点与不足 ··· 011

第二章 农村"三权三证"抵押贷款制度相关问题 ············ 013
  第一节 相关概念界定 ·· 013
  第二节 农村"三权三证"抵押担保权能 ·························· 017
  第三节 农村"三权三证"抵押物的流动性与处置 ············ 018
  第四节 农村"三权三证"抵押贷款试点条件 ··················· 020

第三章 云南省农村"三权三证"抵押贷款试点基本情况 ···· 039
  第一节 云南省农村经济金融特征 ··································· 039
  第二节 云南省农村"三权三证"抵押贷款试点情况 ········ 042
  第三节 云南省农村"三权三证"抵押贷款规模与结构分析 ······· 051

第四章 云南省农村"三权三证"抵押贷款供需意愿及影响因素：
       基于云南沿边三县问卷调研 ······································ 069
  第一节 云南沿边三县农村经济金融发展基本状况 ·········· 069

第二节　云南沿边三县"三权三证"抵押贷款农户需求意愿及制约
　　　　因素分析 ·· 071
第三节　云南沿边三县"三权三证"抵押贷款银行业金融机构放贷
　　　　意愿及影响因素分析 ·· 079
第四节　小结 ·· 083

第五章　云南省农村"三权三证"抵押贷款风险分析 ················ 085
第一节　基于不同主体的农村"三权三证"抵押贷款风险 ········· 085
第二节　农村"三权三证"抵押贷款风险评价 ························ 088
第三节　云南省农村承包土地经营权抵押不良贷款分析 ········· 099
第四节　云南省农民住房财产权抵押不良贷款分析 ··············· 109
第五节　云南省林权抵押贷款风险典型案例 ························ 121

第六章　全国试点地区农村"三权三证"抵押贷款风控做法及启示 ··· 126
第一节　国内试点地区农村"三权三证"抵押贷款的风控做法 ··· 126
第二节　国内各试点地区风控做法的启示 ··························· 134

第七章　云南省农村"三权三证"抵押贷款风控"双机制"构想 ······ 140
第一节　云南省农村"三权三证"抵押贷款风控机制构建基本思路
　　　　及主要原则 ·· 140
第二节　云南省农村"三权三证"抵押贷款风控"双机制"
　　　　架构 ·· 143

第八章　基本结论与对策建议 ··· 157
第一节　基本结论 ·· 157
第二节　对策建议 ·· 162

参考文献 ·· 170

后　　记 ·· 183

第一章

导论

农村"三权三证"抵押贷款制度创新,顺应了新时代我国农村经济金融发展的内在需求,目的是还原及赋予农民直接拥有的农村资产金融属性,激活农村长期沉睡的"死"资产,实现"资源变资产、资产变资本"的有效转化,从而破解农村"融资难"问题,破除"三农"发展的资金"瓶颈"约束。

第一节 研究背景及意义

一 研究背景

"三农"问题一直是全党工作的重中之重。习近平总书记对"三农"问题和金融安全高度重视,发表了一系列重要讲话。2013年11月,习近平总书记在湖南十八洞村考察时首次提出"精准扶贫"理念;2020年12月,在中央农村工作会议上强调"举全党全社会之力推动乡村振兴";2021年8月,在中央财经委员会第十次会议上指出"共同富裕是社会主义的本质要求,是中国式现代化的重要特征,要坚持以人民为中心的发展思想,在高质量发展中促进共同富裕",并指出"金融是现代经济的核心,关系发展和安全,要遵循市场化法治化原则,统筹做好重大金融风险防范化解工作"。近年来实施的脱贫攻坚政策和乡村振兴战略促使云南农村地区发生了翻天覆地的变化,"三农"问题明显得到解决。

然而,虽然农村经济快速发展,但各类农业经营主体包括家庭农户、种植及养殖大户、专业合作社、家庭农场、庄园及农村中小企业融资难、融资贵的问题依然存在。本书认为，出现这一问题最直接的原因就是各类农业经营主体普遍缺乏银行认可的有效抵押物。现行银行信贷制度下，银行贷款尤其是大额贷款，普遍要求借款人提供有效抵押物，而现实情况是借款人普遍缺乏所要求的抵押物。解决这一突出问题需要理论与实践创新，需要突破传统思维的束缚，并需要相关改革的配套推进。

近年来，我国政府支持并实施推动了一系列农村集体产权制度改革，力图通过产权制度创新，从根本上促进农村各类资源要素流动，激发农村经济发展活力，促进乡村全面振兴，实现共同富裕。在农村集体产权制度改革中有一项内容，就是通过赋予农村承包土地经营权、林权及农民住房财产权融资担保权能，激活其资产属性并赋予其金融属性，从而解决农村缺乏大额融资的抵押物这一问题。农村承包土地经营权、农民住房财产权及林权是农村主要的用益物权，也是农户最主要、最直接、最重要的资产。将这些长期"沉睡"的"死"资产及不易流动的权利"活化"，并用以抵押担保，能够在很大程度上缓解长期以来困扰"三农"发展的融资难题，彻底打通农户"融资难"和银行"贷款难"的供需"肠梗阻"。

长期以来，我国农村社会保障制度不健全，对农村土地、宅基地及林地更多强调的是保障性功能，其抵押担保功能及其金融属性在法律上受到一定的抑制[①]。随着我国农村改革的不断深化，尤其是农村社会保障体系的逐步建立与完善，农民对土地、林地及宅基地的资产属性及金融属性的要求逐渐萌发并强化起来，还原、赋予及设定土地抵押担保权能，赋予农村用益物权一定的金融属性成为必然。从全国各地试点的情况来看，农村"三权三证"不仅可以成为有效抵押物，也可以成为解决农村融资难、融资贵的重要方式。

我国农村"三权三证"抵押贷款试点工作可分为三个阶段。第一个阶段是各地政府的探索，时间为2005～2015年上半年。这一阶段所开展的试点工作主要由各地方政府推进。在农村"三权三证"抵押贷款试点中，最早开始

[①] 2007年10月1日起施行的《物权法》第184条所规定的不得抵押的财产中就包括耕地、宅基地使用权；1995年10月1日起实施的《担保法》第37条规定的不得抵押的财产中也包括耕地、宅基地的使用权。

的是林权抵押贷款试点。2005年初,重庆开始了林权抵押贷款试点。随后,江西、河北、湖南、云南等地相继试点。自2008年起,土地经营权抵押贷款试点在各地展开,如海南、云南、湖南、湖北、山东、浙江、安徽、甘肃、福建、广西、江苏等多地出台了专门的农村土地承包经营权抵押政策和试点办法。各地开展的试点探索与国家政策支持关系密切。2013年11月党的十八届三中全会提出要赋予农民更多的财产权利,允许土地承包经营权、农户宅基地与房屋所有权可以抵押担保,2015年中央一号文件再次强调要"做好承包土地经营权和农民住房财产权抵押担保贷款试点工作",在一系列高密度、强有力政策的支持与鼓励下,各地试点积极,成效显著。

第二个阶段是国家层面在全国选定地区进行的"两权"抵押贷款试点,时间为2015年下半年至2019年底。2015年8月,国务院印发《关于开展农村承包土地的经营权和农民住房财产权抵押贷款试点的指导意见》(国发〔2015〕45号)。该指导意见出台后,国家层面的试点工作紧锣密鼓地在全国选定地区开展起来。2015年12月,全国人大常委会授权232个地区开展农村承包土地经营权抵押贷款试点,授权59个地区开展农民住房财产权抵押贷款试点。2016年3月,中国人民银行会同相关部门联合印发《农村承包土地的经营权抵押贷款试点暂行办法》和《农民住房财产权抵押贷款试点暂行办法》。这两个办法从贷款对象、贷款管理、风险补偿、配套支持措施、试点监测评估等多方面,对金融机构、试点地区和相关部门推进落实"两权"抵押贷款试点提出了明确要求。2018年9月,中共中央、国务院在印发的《乡村振兴战略规划(2018—2022年)》中指出:"稳妥有序推进农村承包土地经营权、农民住房财产权、集体经营性建设用地使用权抵押贷款试点。"2019年2月,中共中央办公厅、国务院办公厅印发《关于促进小农户和现代农业发展有机衔接的意见》。2019年3月,国务院新闻办公室就该意见举行新闻发布会,银保监会、农业农村部进一步指出要扩大农业农村贷款抵押物范围,全面推行农村承包土地经营权抵押贷款和农民住房财产权抵押贷款。这一阶段的试点情况,据《国务院关于全国农村承包土地的经营权和农民住房财产权抵押贷款试点情况的总结报告》,截至2018年9月,全国232个试点地区农地抵押贷款余额为520亿元,同比增长76.3%,累计发放964亿元;全国59个试点地区农房抵押贷款余额为292亿元,同比增长48.9%,累计发放516亿元。当然,这一阶段在成效突出的同时,也存在较多的问题。

第三个阶段是深化推广阶段,时间是从2020年开始。2021年5月,中国人民银行、中央农办、农业农村部、财政部、银保监会和证监会发布《关于金融支持新型农业经营主体发展的意见》(银发〔2021〕133号)。该意见指出,银行业金融机构要积极推广农村承包土地的经营权抵押贷款。在农村宅基地制度改革试点地区,依法稳妥开展农民住房财产权(宅基地使用权)抵押贷款业务。为进一步推进农村承包土地经营权抵押贷款,2022年9月,《昆明市农村承包土地经营权和农业设施产权抵押贷款实施方案(试行)》印发,明确昆明将在为期两年(2022年至2024年)的时间里,探索建立农村承包土地经营权和农业设施产权抵押贷款业务、风险防范机制和抵押资产处置机制等,为做大做强高原特色都市现代农业提供强有力的金融支持。

实践证明,以农村承包土地经营权为代表的农村用益物权成为抵押物用于抵押融资,在很大程度上盘活了农村"沉睡"的闲置资产,拓宽了农村融资渠道,缓解了农户及农业经营主体"融资难"问题,是近年来我国农村金融改革的一项重要举措,也是一项重要的农村金融制度创新。

二 研究意义

长期以来,"融资难""融资贵"是制约农村经济社会发展的很大"障碍"。本书认为,导致农村大额"融资难""融资贵"问题的原因固然很多,但最直接的原因在于有效抵押物的缺失。当前我国试点及推行的农村"三权三证"抵押贷款将对缓解农村大额"融资难""融资贵"问题起到积极作用。当然,农村"三权三证"抵押贷款制度的实施也绝不仅仅是用来解决农村融资问题,其将进一步推动农村集体产权制度、产权权能及"三权分置"制度的改革和完善,并将对完善农村要素市场化改革起到促进作用。

云南地处我国西南边陲,与越南、老挝、缅甸接壤相邻,边境线长达4060公里,有26个民族,10余个民族跨境而居,"边疆、民族、山区"是其基本特点。长期以来,云南农村经济社会发展缓慢,农村金融发展动力不足。为助力乡村振兴及实现共同富裕,推进云南农村金融高质量发展已刻不容缓。本书拟通过研究云南省农村"三权三证"抵押贷款试点的情况、存在的问题和贷款风险控制（简称"风控"）机制等，提出具体解决方案与措施，以进一步推动云南省农村"三权三证"抵押贷款深入发展，使其更好地满足农业现代化发展和新型城镇化的现实需要，为农村金融注入新活力，提高农民贷款的可获得性和便利性，为云南省农业现代化发展探路攻坚，增添动力。

第二节 文献综述

一 农村融资难问题

农村融资难是世界性问题。国外学者对该问题持有的主要观点如下。一是认为农户贷款可得性低，只有小部分农户能够获得正规金融机构的贷款。二是认为缺乏有效的抵押物是制约农村金融市场发展的重要因素。三是认为土地是重要抵押物。Binswanger 和 Deininger（1999）认为，在大多数发展中国家的农村地区，土地是农民生计的主要手段，也是投资、积累财富的重要方式。中国学者（李红庆，2017；王曙光、王丹莉，2018；李晓娜，2019）在研究农村融资难问题时则指出信息不对称、抵押物不足及交易成本高均是影响农村贷款的主要因素。

二 农村"三权三证"抵押贷款与解决农村融资难问题

"三农"问题是我国经济社会的热点与焦点问题。林乐芬和赵倩（2009）、刘盈和申彩霞（2010）通过广泛调研，得出农户对"三权三证"抵押贷款有需求和期盼；刘宏博（2016）认为，农村"三权三证"抵押贷款缓解了云南农村地区"融资难"问题，是"三农"金融服务创新的重要抓手与突破口；肖富义和陈学军（2013）认为，"三权三证"抵押融资能盘活农村沉睡的资源资产；李红庆（2017）认为，土地经营权抵押贷款有助于解决农业生产者扩大生产的"融资难"问题；杨春华等（2017）认为，土地经营权抵押及农村住房抵押盘活了农村存量资源资产，缓解了新型农业经营主体发展特色高效农业面临的"融资难、融资贵"问题；王琼和邵洋（2018）认为，宏观政策助力土地经营权抵押权的实现成为可能,农村现实条件及未来发展趋势促使土地经营权抵押成为必然;李韬和罗剑朝(2015)认为,市场主导型农地经营权抵押融资模式下,农户和农村金融机构参与业务积极性较强,贷款可得性较高。

三 农村"三权三证"抵押贷款的制约因素

农村"三权三证"抵押贷款的制约因素比较多。杨春华等(2017)认为,借款人违约后能否顺利处置抵押物是农村金融机构最为关心和担心的问题之一。陈琦等(2016)认为,目前银行在农村抵押物处置方面的经验比较匮乏,因而此类贷款受到一定制约。贾肖明等(2012)认为,健全及完善的法律法规是金融风险处置的基本前提。刘宏博(2016)认为,制约农村"三权三证"抵押贷款发展的因素主要是相关法律制度的不完善与相关措施的不配套,致使农户参与意识不强,涉农金融机构参与积极性低等。中国人民银行吉安市中心支行课题组(2019)通过对湖南吉安县、新干县的调研指出,"两权"抵押贷款试点存在的主要困难,一是缺乏农地经营权流转评估及组织体系,二是抵押物处置变现难,三是财政奖补政策较为烦琐、严格,四是政府出资设立的风险缓释补偿金不到位。郑立君等(2019)通过对福建省永春县的调研指出,农地承包经营权抵押贷款试点制约因素主要有以下几个方面,一是试点参与各方存在观望情绪,二是试点配套条件受到诸多因素掣肘,三是农地经营权抵押价值作用发挥不足,四是实践操作与政策落实不到位,五是风险补偿金不足影响风险覆盖能力。陈镜如(2019)通过对宁夏N银行"两权"抵押贷款的调研指出,宁夏N银行"两权"抵押贷款存在的主要问题是农村信用环境较差,市场供求机制缺乏,银行信贷内控管理不健全,政府制度保证不到位。于嘉等(2020)通过对黑龙江省农村"两权"抵押贷款的研究指出,法律制度制约、金融机构贷款风险问题以及不良贷款抵押物处置困难等是其主要制约因素。

四 农村"三权三证"抵押贷款的风险问题

如何解决农村"三权三证"抵押贷款风险是研究的重点问题。李红庆

(2017)认为,农地经营权的特殊性形成了农地抵押贷款的特殊风险。胡茂清(2018)认为,农民住房财产权抵押的政策风险在于宅基地抵押后农民面临的失地风险,根源在于宅基地负担的政治功能,由于一户一宅的法律限制,无法再行申请宅基地建造房屋,一旦农民失去宅基地,将难以解决居住问题,就可能引发社会稳定问题。王琼(2016)认为商业银行林权抵押贷款的主要风险点有贷前真实性失查风险、评估不当风险、抵押物代偿风险及抵押权实现风险等。谢茂康(2019)通过对湖南省衡阳市林权抵押贷款的调研,认为当前林权抵押贷款规模偏小,利率较高,风险较大,森林保险等支持政策滞后。吴普侠和王海燕(2019)认为,林权抵押贷款风险主要包括标的物本身及环境风险,抵押人风险和抵押权人风险。付宗平(2019)认为农村土地经营权抵押贷款风险主要来源于法律政策、市场、抵押品变现、价值评估、信用、抵押物处置时效性和违约贷款补偿等。

五 农村"三权三证"抵押贷款的风险防范与控制问题

风控问题是农村"三权三证"抵押贷款推进的关键。2015年11月韩俊在国务院新闻办公室举行的新闻发布会中指出,农村产权抵押融资改革应试点先行,边试点、边总结、边完善,在试点的基础上逐步推开,确保风险可控。贾健等(2009)基于"三权三证"抵押贷款等存在的较大风险,建议设立财政支农风险补偿基金。杨大光和陈美宏(2010)建议进一步健全担保体系,提高增信服务。张日波(2014)则提出从源头上控制风险,探索建立"复合式"风险基金,建立处置抵押物的交易平台。还有一些学者从制度层面提出防范及控制风险的措施,如应借用推定租赁合同制度解决农村住房抵押权的实现问题(彭诚信、陈吉栋,2014)。由于农民住房的特殊性,杜群和董斌(2018)提出了"强制管理制度"和"推定租赁权制度"的构想。焦富民(2018)则提出了农民住房财产权处置时的受让人范围可不再限于本集体经济组织内部,可以扩大到本乡镇、本县区居民,必要时扩展到区市和省一级范围内的居民。郑风田(2018)认为,宅基地流转应扩大范围。于嘉等(2020)认为应建立分散"两权"抵押贷款风险的缓释机制和补偿机制。石明和权一章(2020)针对陕西杨陵区"两权"抵押贷款风险提出,应不断增加风险补偿金规模，完善风险补偿金管理使用办法。

综上所述，国内外学者对农村"三权三证"抵押贷款相关问题进行了一系列深入的研究，取得了很好的研究成果。本书认为，农村"三权三证"抵押贷款作为我国农村金融的重大制度创新与业务创新，试点中面临的问题较多，需要深入调研与认真思考。本书拟在上述研究基础上，紧密结合云南的实际情况，对以下三个问题进行重点研究。

一是研究云南省农村"三权三证"抵押贷款发展的制约因素；二是研究云南省农村"三权三证"抵押贷款风险问题，通过个案、典型案例调研、问卷调查以及实证分析，对农村"三权三证"抵押贷款风险及其原因进行深度剖析，以期获得农村"三权三证"抵押贷款风险控制的解决方案；三是构建云南省农村"三权三证"抵押贷款风险控制新机制，使这一重大农村金融制度创新得以顺利实施并取得预期效果。

第三节 研究内容

具体来看，本书的主要研究内容如下。

第一章导论主要阐述研究背景与意义，文献综述，研究内容，研究目标、思路与方法，研究的创新点与不足。

第二章农村"三权三证"抵押贷款制度相关问题，研究内容主要有农村"三权三证"抵押贷款相关概念界定、农村"三权三证"抵押担保权能、农村"三权三证"抵押物的流动性及处置、农村"三权三证"抵押贷款试点的助力条件。

第三章云南省农村"三权三证"抵押贷款试点情况及主要问题，重点分析云南省农村经济金融特征，农村"三权三证"抵押贷款试点的主要做法、取得的主要成效、存在的主要问题及成因，分析2016~2021年云南农村"三权三证"抵押贷款数量及结构，为后续问题研究提供依据。

第四章为云南省农村"三权三证"抵押贷款供需意愿及影响因素：基于云南沿边三县问卷调研。本章通过对云南沿边三县的实地问卷调研，获取农户及相关金融机构对"三权三证"抵押贷款业务的需求及放贷意愿情况，分析其背后的影响因素。

第五章云南省农村"三权三证"抵押贷款风险分析，分析农村"三权三证"抵押贷款各参与主体存在的各种风险，对农村"三权三证"抵押贷款的风险进行评估排序，从不同视角对云南农村"三权三证"抵押贷款的不良贷款情况进行分析，通过典型案例分析云南农村"三权三证"抵押贷款风险所存在的共性问题及特殊情况。

第六章全国试点地区农村"三权三证"抵押贷款风险控制做法及启示，对全国试点地区的有效做法进行经验总结。

第七章云南省农村"三权三证"抵押贷款风控"双机制"构想，探讨建立农村"三权三证"抵押贷款风控机制的基本思路及主要原则，提出农村"三权三证"抵押贷款风险控制"双机制"架构，通过建立风险控制新机制，全面提高贷款风险防控水平。

第八章基本结论与对策建议，在全面分析云南省"三权三证"抵押贷款试点及风险问题基础上得出基本结论并提出解决相关问题的对策建议。

第四节 研究目标、思路与方法

一 研究的主要目标

本书重点研究云南省农村"三权三证"抵押贷款在试点中存在的制约因素及其风险问题，并构建起农村"三权三证"抵押贷款风控新机制，探索出一条破解农村"融资难"问题的新路子，实现农村普惠金融、数字金融、民族金融和县域金融的有机融合，促进云南省农村经济金融高质量发展，助力乡村振兴，推动共同富裕。

二 基本思路与技术路线

（一）基本思路

（1）本书将按照"提出问题→文献研究梳理→调研、问卷调查及典型案例分析→提出对策建议"的思路进行研究。

（2）本书有两个重点任务，一是分析制约云南省农村"三权三证"抵押贷款推进的主要因素及风险问题；二是构建云南省农村"三权三证"抵押贷款风险控制新机制。

（3）在"整体性、系统性、协同性和风险共担"框架下，分析农村"三权三证"抵押贷款推进的制约因素及风险难题，并构建起农村"三权三证"抵押贷款风险控制"双机制"，最后提出相关对策建议。

（二）技术路线

本书技术路线如图 1-1 所示。

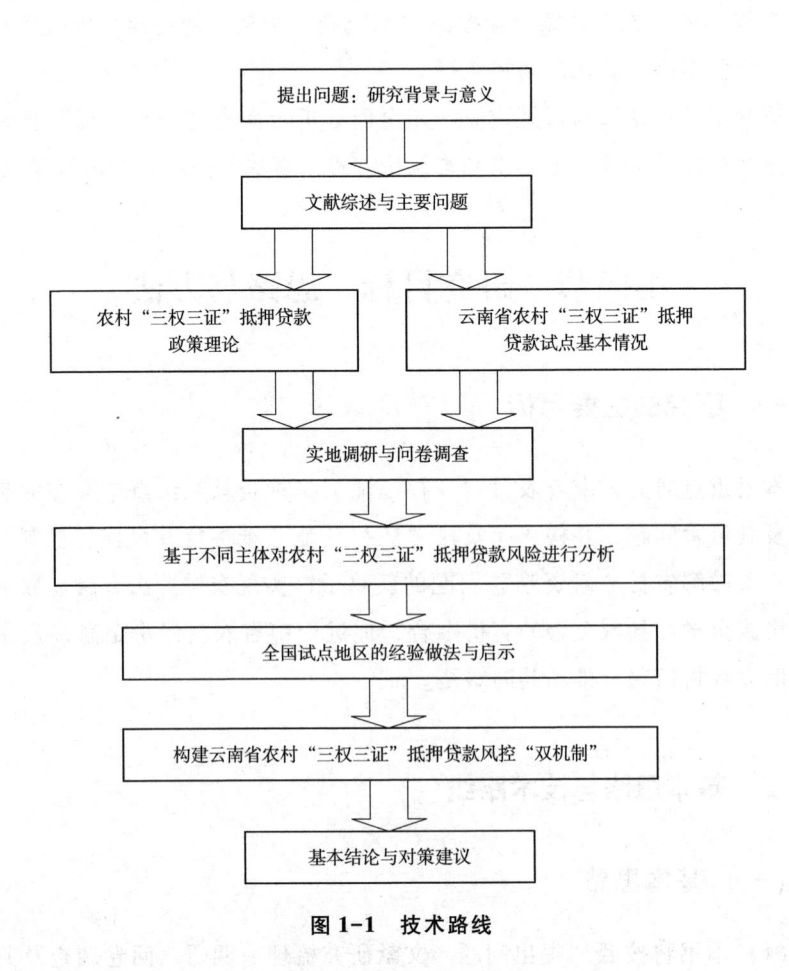

图 1-1　技术路线

三 研究的主要方法

(1) 文献梳理，理论、政策研究与实地调研，问卷调查相结合。根据研究及解决的问题，梳理以往文献研究、政策规定、法律文本，在此基础上进行实地调研和问卷调查，归纳总结提出研究及解决问题的分析框架、研究重点与路径。

(2) 定性与定量分析相结合。注重用数据说话，用实证分析方式研究问题，同时结合定性分析方法对相关问题进行理论辨析与思考。

(3) 典型案例与一般情况研究相结合。

第五节 研究的创新点与不足

一 主要创新点

(1) 研究视角方面。本书以乡村振兴等国家重大战略为基本背景，基于农村金融发展视角，对近年来云南省农村"三权三证"抵押贷款试点情况、制约因素及风险控制等问题进行了全面深入研究。

(2) 学术思想方面。农村"三权三证"抵押贷款是近年来我国农村金融的重大制度创新与业务创新，是破解"三农"融资难的有效手段，是解决各类农业经营主体大额融资需求的重要方式，也是全面推进"三农"金融服务改革创新的重要"抓手"与"突破口"，能够有力地带动和促进农村集体产权制度改革及其他农村相关改革，助力乡村振兴，从而全面促进农村经济金融协调快速发展。以农村承包土地经营权、农民住房财产权及林地经营权为代表的农村用益物权抵押贷款这一农村金融制度创新，对助力乡村全面振兴实现共同富裕具有重要的理论与应用价值。本书将深入系统分析这一创新所面临的系列制约因素，探讨这一顶层制度设计如何紧密结合具体实践，进而形成制度创新效应，这些研究将进一步丰富我国农村金融理论。

（3）研究成果方面。推进农村"三权三证"抵押贷款是一个复杂的系统工程，本书提出了三大发展思路与应对措施。一是提出应在"整体性-系统性-协同性-风险共担"框架下解决农村"三权三证"抵押贷款试点中存在的风险控制问题。二是提出构建农村"三权三证"抵押贷款风控"双机制"。基于整体性、系统性、协调性和共担风险原则，作为分险主体的银行、政府、保险公司及担保公司在各自建立与完善农村"三权三证"抵押贷款自身性风险控制机制基础上，同时建立起相互协同、联动合作的协同性风险共担风控机制。三是提出政府在农村"三权三证"抵押贷款制度推进中应设立"两个基金"，即农村"三权三证"抵押贷款风险补偿基金和融资担保代偿风险补偿基金，在充分发挥政府对农村金融发展支持作用的同时，解决银行、融资担保公司等金融机构的后顾之忧。

二　不足之处

本书的不足之处主要有以下几方面。

（1）数据方面。由于金融部门的特殊性，要全面系统地获得相关金融数据资料非常困难，有些指标和数据存在缺失不全的情况。尽管中国人民银行昆明中心支行为本研究提供了大力支持，但有的数据不便提供与公开，这在一定程度上影响了对问题的分析与判断，但从总体来看影响不大。

（2）典型案例方面。本书选择的两个风险典型案例皆为林权抵押贷款案例，一是云南鹤庆林权流转套贷，二是云南临沧林权抵押骗贷，而没有找到有关土地经营权抵押贷款和农民住房财产权抵押贷款风险的典型案例，这也是本研究的不足所在。

第二章

农村"三权三证"抵押贷款制度相关问题

本章界定了农村"三权三证"抵押贷款相关基本概念，探究了农村"三权三证"作为用益物权的抵押担保权能与农村"三权三证"作为抵押物的特殊性及其弱流动性，对农村"三权三证"抵押贷款试点的相关法律、政策文件、基本理论及实践探索进行了梳理与阐述。

第一节 相关概念界定

一 农村"三权三证"

农村"三权三证"是指农村承包土地经营权、农民住房财产权、林权及其权证。2013年中央一号文件提出，在全国范围内全面开展农村土地确权登记颁证工作。土地所有权、土地使用权和他项权利的确认、确定，简称土地确权。土地确权是依照法律、政策的规定，确定某一范围内的土地（或称一宗地）的所有权、使用权的隶属关系和他项权利的内容。每宗地的土地权属要经过土地登记申请、地籍调查、核属审核、登记注册、颁发土地证书等土地登记程序，才能最后确定。

近年来，国家投入大量的人力、物力和财力，对农村土地开展了确权工作。农村土地确权的意义主要体现在：一是有利于强化物权保障；二是有利于强化承包农户的市场主体地位和家庭承包经营的基础地位，为巩固农村基本经营制度提供保障；三是农民可用自己的权证进行抵押贷款；四是有利于明确土地承包经营权归属，为解决土地承包经营纠纷、维护农民土地承包的各项合法权益提供原始依据。

二 农村"三权三证"抵押贷款与农村"两权"抵押贷款

农村"三权三证"抵押贷款是指农村承包土地经营权抵押贷款、林权抵押贷款及农民住房财产权抵押贷款。早期开展的农村"三权三证"抵押贷款是在各地方政府的推动下进行的。林权抵押贷款开展得比较早，2005年在重庆试点，随后江西、河北及湖南等地相继开展。2008年2月，中国农业银行重庆开县支行发放了第一笔农村承包土地经营权抵押贷款。2010年，吉林省九台市开展了农村宅基地抵押贷款试点。

2013年7月，国务院办公厅发布《关于金融支持经济结构调整和转型升级的指导意见》，明确提出"鼓励银行业金融机构扩大林权抵押贷款，探索开展大中型农机具、农村土地承包经营权和宅基地使用权抵押贷款试点"。

2013年11月，党的十八届三中全会发布《中共中央关于全面深化改革若干重大问题的决定》。该决定提出赋予农民更多财产权利，具体内容包括保障农民集体经济组织成员权利，积极发展农民股份合作，赋予农民对集体资产股份占有、收益、有偿退出及抵押、担保、继承权。保障农户宅基地用益物权，改革完善农村宅基地制度，选择若干试点，慎重稳妥推进农民住房财产权抵押、担保、转让，探索农民增加财产性收入渠道。建立农村产权流转交易市场，推动农村产权流转交易公开、公正、规范运行。

2014年中央一号文件提出"允许承包土地的经营权向金融机构抵押融资"；2014年4月和5月，国务院办公厅分别下发《关于金融服务"三农"发展的若干意见》和《开展农村土地承包经营权抵押贷款试点的通知》；2015年中央一号文件再次强调要"做好承包土地经营权和农民住房财产权抵押担保贷款试点工作"。

农村"两权"抵押贷款是指土地经营权抵押贷款和农民住房财产权抵押贷款。农村"两权"抵押贷款试点始于2015年8月国务院印发的《关于开展农村承包土地的经营权和农民住房财产权抵押贷款试点的指导意见》（国发〔2015〕45号）。2015年12月27日，全国人大常委会授权全国 232 个试点县（市、区）①开展农村承包土地经营权抵押贷款试点，59 个试点县（市、区）②开展农民住房财产权抵押贷款试点，其中有 13 个地区重叠，两项试点共计 278 个县级行政区，占全国县级行政区总数的 9.7%。

三 "三权分置"中的"三权"

"三权分置"主要是指土地"三权分置"、林地"三权分置"和宅基地"三权分置"。土地"三权分置"中的"三权"包括土地所有权、土地承包权及土地经营权，林地"三权分置"中的"三权"包括林地所有权、林地承包权及林地经营权，宅基地"三权分置"中的"三权"包括宅基地所有权、宅基地资格权及宅基地使用权。

四 土地承包经营权与承包土地经营权

土地承包经营权与土地经营权在《民法典》中都归为用益物权，但两个概念不同。《民法典》第二编第三分编第十一章第 331 条对土地承包经营权的定义是，土地承包经营权人依法对其承包经营的耕地、林地、草地等享有占有、使用和收益的权利，有权从事种植业、林业、畜牧业等农业生产。《民法典》第二编第三分编第十一章第 340 条对土地经营权的定义是，土地经营权人有权在合同约定的期限内占有农村土地，自主开展农业生产经营并取得收益。

土地承包经营权是对承包户而言，土地承包经营权包含土地承包权和土地经营权两种权利。土地经营权是"三权分置"后提出的新概念。土地经营

---

① 开展农村承包土地经营权抵押贷款试点的 232 个县（市、区）包括北京市大兴区等，覆盖了全国 30 个省、自治区、直辖市，其中西部边疆民族地区云南有 6 个（开远市、砚山县、剑川县、鲁甸县、景谷傣族彝族自治县和富民县），广西有 8 个（田阳县、田东县、玉林市玉州区、象州县、南宁市武鸣区、东兴市、北流市和兴业县），新疆有 5 个（呼图壁县、沙湾县、博乐市、阿克苏district及克拉玛依市克拉玛依区），内蒙古有 8 个（呼伦贝尔市阿荣旗、兴安盟扎赉特旗、开鲁县、锡林郭勒盟镶黄旗、鄂尔多斯市达拉特旗、巴彦淖尔市临河区、赤峰市克什克腾旗和包头市土默特右旗）。
② 开展农民住房财产权抵押贷款试点的 59 个县（市、区）包括天津市蓟县等，覆盖了全国 30 个省、自治区、直辖市，其中云南有 3 个（大理市、丘北县、武定县）。

权的全称应是农村承包土地的经营权。长期以来，我国农村土地制度实行的是"两权分离"，即土地所有权和土地承包经营权。"三权分置"改革后，土地承包经营权分为土地承包权和土地经营权。基于此，原来的"两权分离"（土地所有权和土地承包经营权）变成了"三权分置"（土地所有权、土地承包权和承包土地经营权）。"三权分置"下，承包土地经营权可在土地承包人手中，也可以流转到土地经营人手中。土地流转时，受让人拿到的是承包土地经营权，承包权依然在原土地承包者手中。承包土地经营权的出现，使土地实现规模经营成为可能，也使闲置的土地利用起来，提高了土地的利用效率，也让土地承包人获得了土地流转收益，做到了一举多得。

五　农民住房财产权与宅基地使用权

农民住房财产权包括农民房屋所有权和宅基地使用权两层含义。根据"房随地走"的要求，本书中所讲的农民住房财产权本身就包含房屋所有权和宅基地使用权两项权利。

六　林权与林地经营权

林权抵押贷款开始得比较早，林权概念一直比较笼统。2018年，国家林业和草原局启动新一轮集体林业综合改革试验工作，其中一项是探索建立集体林地"三权分置"运行机制。林地"三权分置"中的"三权"是指林地所有权、林地承包权和林地经营权。其中，林地所有权归集体，林地承包权归农户，林地经营权归实际经营者。林地所有权归集体所有不能用来抵押，林地承包权归承包农户因有可能损害到承包户的权益也不宜用来抵押，用于抵押的只能是林地经营权及其地上的林木所有权。林地承包人可以用林地经营权抵押申请贷款，实际经营人也可以用流转到手的林地经营权作抵押用来申请贷款。

林权包括林地所有权、林地承包权和林地经营权三种，林地经营权只是其中一种。林权抵押贷款实际为林地经营权及其地上林木所有权抵押的贷款。由于林权抵押贷款开展得早，文件、法律及实践操作中基本上是用林权，所说的林权抵押贷款实为林地经营权及其地上林木所有权共同抵押的贷款。

第二节 农村"三权三证"抵押担保权能

用益物权具有抵押担保权能。农村承包土地经营权、农民住房财产权及林权（林地经营权）为用益物权，均具有抵押担保权能。

一 用益物权的抵押担保权能

物权是指权利人依法对特定的物享有直接支配和排他的权利。法定物权包括所有权、用益物权和担保物权三大类。《民法典》第二编第三分编第十章第323条对用益物权的定义是，用益物权人对他人所有的不动产或者动产，依法享有占有、使用和收益的权利。用益物权是非所有人行使使用权的一种重要方式。用益物权制度设立的目的是在资源稀缺的条件下，缓解物之所有与物之所用之间的冲突。用益物权的本质是所有权人将物的使用价值让渡（包括交易）给他人，使他人得以对该物进行占有并在一定的范围内使用收益。用益物权等他物权体现了物尽其用的社会价值。

农村用益物权中的承包土地经营权，其用益物权人对其用益物权除了拥有占有、使用和收益的权利外，还具有一定的处分权能。用益物权的处分权能可分为法律处分权能和事实处分权能，其中法律处分权能是指用益物权人对用益物权所做的处分，包括转移权利和设定权利负担两种情况。转移权利是指用益物权人有权将用益物权转移给他人，设定权利负担是指用益物权人在用益物权上设定抵押、质押等。

二 农村"三权三证"的抵押担保权能

既然用益物权具有抵押、担保权能，那么作为用益物权的承包土地经营权、林地经营权及宅基地使用权也可具有抵押、担保权能。

当前，我国农村土地的社会保障功能有所弱化，而农户对其资产属性及其金融属性的要求有所强化。为此，农村承包土地经营权、农民住房财产权及林权的资产属性及金融属性应被进一步强化。进一步，农村"三权三证"也应具备抵押担保权能以助力破解农村大额融资抵押物不足的现实困境。目前相关法律对此已明确，《农村土地承包法》（2018年修正）第47条明确规定，承包方可以用承包地的土地经营权向金融机构融资担保，并向发包方备案。受让方通过流转取得的土地经营权，经承包方书面同意并向发包方备案，可以向金融机构融资担保。

第三节　农村"三权三证"抵押物的流动性与处置

一　抵押资产的流动性与处置

抵押资产的流动性对银行来说至关重要。资产流动性是指银行能否如期收回本金和利息的能力。从抵押物角度来看，抵押资产流动性是指抵押资产的变现能力。变现成本高或是不易变现，意味着资产的流动性比较弱；反之，变现成本较低或是容易变现，则意味着资产的流动性较强。资产的流动性对资产的安全性有着决定性影响。资产的流动性强，意味着其安全性高；资产的流动性弱，意味着其风险性比较大。抵押资产的流动性与其处置的关系也很密切。流动性强的抵押资产，越容易被处置；反之，流动性弱的抵押资产，越不容易被处置。以不易处置或处置成本比较高的资产作抵押，对抵押权人来说风险比较大，抵押权较难实现。因此，银行在考虑接受什么样的资产作为抵押物时非常谨慎。

二　农村"三权三证"抵押物的特殊性与弱流动性

（一）农村"三权三证"抵押物的特殊性

作为用益物权的农村承包土地经营权、农民住房财产权及林权具有抵押担保作用。但是,农村"三权三证"抵押物具有特殊性。

一方面,农村承包土地经营权、农民住房财产权及林权属于不完全资产。用益物权属于不完全产权资产,在处分上有一定的限制。农村承包土地经营权、农民住房财产权及林权为农村用益物权,均属于不完全产权资产。作为不完全产权资产的农村承包土地经营权、农民住房财产权及林权,因其处分权有一定限制,进行抵押物处置时,必须要按相关要求进行。因而,抵押权人在处置农村承包土地经营权、农民住房财产权及林权抵押物时会受到一定影响。

另一方面,政府对农村"三权三证"抵押物的处置有限制要求。农村承包土地经营权、农民住房财产权及林权作为抵押物在抵押及处置时要按相关要求进行。

(1)农村承包土地经营权的抵押及处置。一是对用途的规定。《农村土地承包法》(2018年修正)规定,不得改变土地所有权的性质和土地的农业用途,不得破坏农业综合生产能力和农业生态环境。党的十七届三中全会通过的《中共中央关于推进农村改革发展若干重大问题的决定》指出,农民可以通过转包、出租、互换、转让、抵押、担保及股份合作等形式流转其承包土地的经营权,但不能改变土地集体所有性质,也不能改变土地用途。二是对流转期限的规定。土地流转期限不得超过承包期的剩余期限。《农村土地承包法》规定,耕地的承包期为三十年,草地的承包期为三十年至五十年,林地承包期为三十年至七十年。在此期间,土地承包人享有承包权利,土地经营权可以自己行使,也可以流转出去,让想要或愿意行使土地经营权的各类农业经营主体行使土地经营权的权能与权利。三是受让方须有农业经营能力或者资质。四是在同等条件下,本集体经济组织内的成员享有优先权。

(2)林权的抵押及处置。林权是一种用益物权,即集体(个人)对森林、林地、林木享有的占有、使用、收益及有限处分的权利。林权处置时须考虑以下几个问题。一是流转问题。流转给谁?怎么流转?流转的便利性如何?二是林权交易问题。林权流转必须经由林权交易市场。三是林权评估问题。林权评估需要有合格的评估机构及专业的评估人员。四是林权采伐许可证及采伐指标。林权采伐要有许可证,还要在采伐指标规定的范围内。这些都是影响林地经营权抵押物处置的因素。

（3）农民住房财产权的抵押及处置。农民住房财产权包含住房所有权和宅基地使用权。住房所有权归农户，谁盖的归谁所有，而宅基地使用权则归集体所有。因此，住房所有权处置无特殊限制，但宅基地使用权处置有特殊限制。由于房子和地难以分开，"房随地走"，因此对农民住房财产权的处置也有限制。农民住房财产权在抵押与处置时要考虑两个问题。一是要考虑"接手人"。谁来接手？谁能接手？也即处置的住房时，不能违反相关法律规定。二是要考虑抵押人是否有"安居之处"。抵押人的住处没有着落，抵押物无法处置，会给银行带来损失风险。

（二）农村"三权三证"抵押物的弱流动性

农村承包土地经营权、林权及农民住房财产权均为用益物权。用益物权是在他人所有之物上成立的物权，与自物权不同。自物权是权利人依法对自有物享有的物权。所有权是唯一的自物权，因此自物权就是所有权。自物权人对自物权有完全的处置权利。用益物权不同，用益物权是他物权，虽然是独立的物权，也具有占有、使用、收益及一定的处分权能，但用益物权人对用益物权所享有的处分权能有一定的限制，用益物权人没有完全处置的权利。因此，以用益物权作抵押，在处置时会受到限制。

农村承包土地经营权、林权及农民住房财产权作为用益物权可以设定权利负担，也即抵押或担保，但这一抵押物自身有先天缺陷，处置时必须进行多方面考虑。抵押物处置难，抵押物价值就会打折扣。农村"三权三证"抵押物流动性比较弱及处置难度比较大，是其作为抵押物的硬伤所在，这在一定程度上影响了银行农村"三权三证"抵押贷款业务的全面推进。

第四节　农村"三权三证"抵押贷款试点条件

农村"三权三证"抵押贷款是一项制度创新。从农村"三权三证"抵押贷款试点情况来看，其需要的条件包括法律的保驾护航、政策的大力支持、理论的有力支撑及成功的实践探索。

一　法律的保驾护航

（一）农村承包土地经营权抵押贷款试点的相关法律、法规

2015年12月27日，第十二届全国人民代表大会常务委员会第十八次会议决定，授权国务院在北京市大兴区等232个试点县（市、区）行政区域，暂时调整实施《物权法》《担保法》关于集体所有的耕地使用权不得抵押的规定。此次授权中，涉及农村承包土地经营权抵押贷款的具体内容是在试点县（市、区）行政区域，暂停《物权法》第184条第2项、《担保法》第37条第2项的实施，赋予农村承包土地经营权抵押融资功能，允许承包土地经营权作为贷款抵押物。

（二）农民住房财产权抵押贷款试点地区相关法律、法规

2015年12月27日，第十二届全国人民代表大会常务委员会第十八次会议决定，授权国务院在天津市蓟县等59个试点县（市、区）行政区域暂时调整《物权法》《担保法》中关于集体所有的宅基地使用权不得抵押的规定。上述调整在2017年12月31日前试行（后又两次延长[①]）。在此次授权中，涉及宅基地法律制度的内容包括两个方面，一是宅基地审批，二是农民住房财产权抵押中房屋和宅基地使用权的关系。关于农民住房财产权抵押，具体来说，在试点县（市、区）行政区域，暂停《物权法》第184条第2项、《担保法》第37条第2项的实施，在防范风险、遵守有关法律法规和农村土地制度改革的基础上，赋予农民住房财产权（含宅基地

[①] 2017年11月，全国人民代表大会常务委员会曾做出决定，将土地经营权抵押及农民住房财产权抵押试点期限延长至2018年12月31日。为了进一步深入推进农村土地征收、集体经营性建设用地入市、宅基地管理制度改革试点，并做好试点工作与《土地管理法》修改工作的衔接，全国人民代表大会常务委员会于2018年12月29日发布《关于延长授权国务院在北京市大兴区等三十三个试点县（市、区）行政区域暂时调整实施有关法律规定期限的决定》，将农村土地制度三项改革试点法律调整实施的期限再延长一年至2019年12月31日。

使用权[①]）抵押融资功能，允许以农民住房财产权抵押贷款。

对宅基地使用权的抵押担保及由此产生的纠纷问题，司法界也做了相应调整。2016年2月，最高人民法院发布《第八次全国法院民事商事审判工作会议（民事部分）纪要》。该纪要第19条规定："在国家确定的宅基地制度改革试点地区，可以按照国家政策及相关指导意见处理宅基地使用权因抵押担保、转让而产生的纠纷。"

二 政策的大力支持

（一）林权抵押贷款政策

1. 中央及相关部委政策

林权抵押贷款试点启动时间最早，这与国家政策的支持密不可分。2003年，中共中央、国务院发布了《关于加快林业发展的决定》（中发〔2003〕9号），该决定特别指出要赋予林权抵押权能。此后，中国人民银行、中国银监会、国家林业局及国土资源部等相关部委又适时推出了一系列政策文件（见表2-1），进一步助推了林权抵押贷款的快速发展。

表2-1 林权流转、抵押的有关法律法规及政策性文件

年份	出台部门	法律法规或政策性文件	主要相关内容
2003	中共中央、国务院	《关于加快林业发展的决定》（中发〔2003〕9号）	赋予林权抵押权能
2008	中共中央、国务院	《关于全面推进集体林权制度改革的意见》（中发〔2008〕10号）	将用5年左右时间基本完成明晰产权、承包到户的改革任务，林地承包期为70年，到期可续包
2012	国家林业局	《关于进一步加强林地确权登记发证工作的通知》（林资发〔2012〕47号）	依法行政，严格执行林权登记发证制度
2013	中国银监会、国家林业局	《关于林权抵押贷款的实施意见》（银监发〔2013〕32号）	要求借款人提交林权证原件；不应接受无法处置变现的林权作为抵押财产

---

① 宅基地使用权不能单独作为抵押物用于融资担保，必须与农民住房所有权一同抵押贷款。

续表

年份	出台部门	法律法规或政策性文件	主要相关内容
2014	中国银监会办公厅	《关于做好2014年农村金融服务工作的通知》（银监办发〔2014〕42号）	各银行业金融机构要认真贯彻落实银监会、国家林业局《关于林权抵押贷款的实施意见》，探索创新林权抵押业务品种，合理确定贷款期限，不断加大对林业发展的有效信贷投入
2016	国家林业局	《关于规范集体林权流转市场运行的意见》（林改发〔2016〕100号）	集体林权可通过转包、出租、互换、转让、入股、抵押或作为出资、合作条件及法律法规允许的其他方式流转
2016	国务院办公厅	《关于完善集体林权制度的意见》（国办发〔2016〕83号）	增加集体林区森林资源，增加林农收入；建立责权利明晰的林业经营制度
2017	中国银监会、国家林业局、国土资源部	《关于推进林权抵押贷款有关工作的通知》（银监发〔2017〕57号）	到2020年，在适合开展林权抵押贷款工作的地区，林权抵押贷款业务基本覆盖，林权融资、评估、流转和收储机制健全；加快开发适应林业经营特点的金融产品，通过多种形式推进林权抵押贷款工作

资料来源：课题组整理得出。

2. 地方政府及相关部门政策

中共中央、国务院在发布《关于加快林业发展的决定》后，各地方政府积极响应。2005年初重庆就开始了试点，江西、河北、湖南、云南、广西等地也紧随其后开展了试点工作。2009年，云南省委、省政府发布《关于加快林业发展建设森林云南的决定》，激活了林业发展机制。在随后的2010年、2011年、2012年、2017年等，云南省各政府部门及相关机构相继出台了一系列支持、鼓励及推进林权抵押贷款的政策（见表2-2）。这些政策措施促进了云南林权抵押贷款的快速发展，被国家林业局称作"云南模式"。

表2-2 云南省支持林业改革及林权抵押贷款的政策文件

年份	出台部门	法律法规或政策性文件	主要内容
2009	云南省委、省政府	《关于加快林业发展建设森林云南的决定》	坚持兴林富民，把森林资源优势转化为经济优势，进一步理顺管理体制，激活林业发展机制

续表

年份	出台部门	法律法规或政策性文件	主要内容
2010	云南省银监局	《云南银行业林权抵押贷款管理暂行办法》	林权指森林、林木的所有权和使用权以及林地的使用权,对银行业林权抵押贷款提出具体要求
2011	云南省政府办公厅	《关于印发加快推进林权抵押贷款工作意见的通知》	加快林权管理服务中心建设,积极推进林权交易市场建设,加强对抵押物的监管
2012	中国人民银行昆明中心支行、云南省林业厅、云南省金融办、云南省银监局、云南省保监局	《关于进一步做好林权抵押贷款工作的通知》	创新林权抵押贷款与小额信用贷款、联保贷款等组合贷款方式;试点开展林权抵押贷款保证保险业务;创新森林资源资产评估方式,采取"量价分离"方式
2012	云南省政府金融办公室、云南省委农办、中国人民银行昆明中心支行、云南省银监局、云南省证监局、云南省保监局	《关于推进"三农"金融服务改革创新试点方案》	鼓励各涉农金融机构试点开展林权抵押贷款,鼓励保险机构开展林权抵押贷款保证保险业务
2017	云南省政府办公厅	《关于完善集体林权制度的实施意见》	完善集体林权制度配套改革政策,推进林业供给侧结构性改革,不断提高集体林权管理服务水平

资料来源:课题组整理得出。

(二) 农村承包土地经营权抵押贷款政策

1. 中央及相关部委政策

2009年,国务院下发《关于成都市统筹城乡综合配套改革试验总体方案的批复》及《关于重庆统筹城乡综合配套改革试验总体方案的复函》,批准了成都、重庆两个统筹城乡发展综合配套改革试验区,允许对农村承包土地经营权抵押进行探索和创新。2013年,党的十八届三中全会提出要赋予农民更多的财产权利,允许农村承包土地经营权及农民住房财产权作为抵押担保。2014年到2019年的中央一号文件也连续多次提出农村承包土地经营权、农民住房财产权及林权抵押融资的试点要求等,相关法律法规或政策性文件如表2-3所示。

表 2-3　农村土地流转、抵押的有关法律法规及政策性文件

年份	出台部门	法律法规或政策性文件	主要相关内容
2005	农业部	《农村土地承包经营权流转管理办法》（农业部令第47号）	提出农地流转应在农户承包关系的基础上进行并对流转当事人、方式、合同、管理事项等做了具体规定
2008	中共中央	《中共中央关于推进农村改革发展若干重大问题的决定》	明确了转包、出租、互换、转让、股份合作等形式流转土地承包经营权，开展多种形式的适度规模经营
2013	党的十八届三中全会	《中共中央关于全面深化改革若干重大问题的决定》	赋予农民对承包地占有、使用、收益、流转的权能及土地承包经营权抵押、担保权能
2014	中共中央办公厅、国务院办公厅	《关于引导农村土地经营权有序流转发展农业适度规模经营的意见》	"三权分置"改革
2014	国务院办公厅	《关于引导农村产权流转交易市场健康发展的意见》	农户承包权限制流转
2015	国务院	《关于开展农村承包土地的经营权和农民住房财产权抵押贷款试点的指导意见》	确定了农地经营权抵押的原则，赋予农民更多财产权利，明确了地区试点的主要任务
2015	全国人大常委会	《关于授权国务院在北京市大兴区等232个试点县（市、区）、天津市蓟县等59个试点县（市、区）行政区域分别暂时调整实施有关法律规定的决定》	试点地区暂时调整实施集体所有土地使用权限制抵押的法律规定
2016	农业部、财政部、国土资源部、国家测绘地理信息局	《关于进一步做好农村土地承包经营权确权登记颁证有关工作的通知》	推进土地证颁证确权工作
2016	中共中央办公厅、国务院办公厅	《关于完善农村土地所有权承包权经营权分置办法的意见》	提出做好确权工作，健全农地流转管理制度，构建政策扶持体系，完善"三权分置"法规
2017	中共中央、国务院	《关于深入推进农业供给侧结构性改革加快培育农业农村发展新动能的若干意见》	深入推进承包土地的经营权和农民住房财产权抵押贷款试点

续表

年份	出台部门	法律法规或政策性文件	主要相关内容
2018	全国人大常委会	《农村土地承包法》（2018年修正）	承包方可以用承包地的土地经营权向金融机构融资担保并向发包方备案。受让方通过流转取得的土地经营权，经承包方书面同意并向发包方备案，可以向金融机构融资担保
2018	中共中央、国务院	《乡村振兴战略规划（2018—2022年）》	稳妥有序推进农村承包土地经营权、农民住房财产权、集体经营性建设用地使用权抵押贷款试点
2019	中共中央、国务院	《关于坚持农业农村优先发展做好"三农"工作的若干意见》	健全农村产权流转交易市场，推动农村各类产权流转交易公开规范运行

资料来源：课题组整理得出。

2. 地方政府及相关部门政策

为支持及鼓励云南省农村土地流转及土地经营权抵押贷款试点工作，云南省委、省政府及相关部门均出台了一系列的专门的政策文件（见表2-4）。2014年，云南省委、省政府颁布《关于开展农村土地承包经营权确权登记颁证工作的意见》，重点解决承包地块面积不准、四至不清、空间位置不明、登记簿不健全等问题，以维护农民土地承包权益。2017年，云南省委办公厅、云南省政府办公厅发布《关于推动农村土地所有权承包权经营权分置的实施意见》。

表2-4 云南省农村土地流转、抵押相关法律法规及政策性文件

年份	出台部门	法律法规或政策性文件	主要相关内容
2010	云南省农业厅	《关于印发农村土地承包经营权流转合同示范文本的通知》	规范农村土地承包经营权流转合同
2014	云南省委、云南省政府	《关于开展农村承包土地经营权确权登记颁证工作的意见》	解决承包地块面积不准、四至不清、空间位置不明、登记簿不健全等问题

续表

年份	出台部门	法律法规或政策性文件	主要相关内容
2014	云南省政府	《云南省关于引导农村土地经营权有序流转发展农业适度规模经营的实施意见》	稳定完善农村土地承包关系，规范引导农村土地经营权有序流转
2015	云南省农业厅、云南省档案局	《云南省农村土地承包经营权确权登记颁证档案管理办法》	规范云南农村土地承包经营权确权登记颁证工作，加强管理和有效利用农村土地承包经营权确权登记颁证档案
2016	云南省政府	《关于推进政策性融资担保体系建设的意见》	探索建立"政银担"融资担保贷款风险分担机制，鼓励各地探索建立"担保+保险"等多种形式的风险分散机制
2017	云南省委办公厅、云南省政府办公厅	《关于推动农村土地所有权承包权经营权分置的实施意见》	推动农村土地所有权、承包权、经营权分置，推进高原特色现代农业发展
2017	云南省委、云南省政府	《关于稳步推进农村集体产权制度改革的实施意见》	解决集体资产产权归属不清晰、权责不明确、保护不严、流转不畅以及分配不规范、监管不到位等问题

资料来源：课题组整理得出。

（三）农民住房财产权抵押贷款政策

1. 中央及相关部委政策

近年来，农村宅基地制度改革不断深化，宅基地抵押贷款试点也取得较大成效。《中共中央关于全面深化改革若干重大问题的决定》指出："慎重稳妥推进农民住房财产权抵押、担保、转让。"2015年，国务院在发布的《关于开展农村承包土地的经营权和农民住房财产权抵押贷款试点的指导意见》指出，要稳妥有序开展"两权"抵押贷款业务。2016年中国人民银行等六部委联合发布《农民住房财产权抵押贷款试点暂行办法》，对金融机构开展相关贷款业务提出了明确要求。农民住房财产抵押贷款有关政策文件如表2-5所示。

表 2-5 农民住房财产抵押贷款有关政策文件

年份	出台部门	法律法规或政策性文件	主要相关内容
2013	中共中央	《中共中央关于全面深化改革若干重大问题的决定》	保障农户宅基地用益物权，改革完善农村宅基地制度，慎重稳妥推进农民住房财产权抵押、担保、转让，探索农民增加财产性收入的渠道
2015	中共中央办公厅、国务院办公厅	《关于农村土地征收、集体经营性建设用地入市、宅基地制度改革试点工作的意见》	制定农村土地征收目录，健全矛盾纠纷调处机制，全面公开农村土地征收信息，完善对被征地农民合理、规范、多元保障机制
2015	国务院	《关于开展农村承包土地的经营权和农民住房财产权抵押贷款试点的指导意见》	稳妥有序开展"两权"抵押贷款业务
2016	中国人民银行、中国银监会、中国保监会、财政部、国土资源部、住房和城乡建设部	《农民住房财产权抵押贷款试点暂行办法》	不改变宅基地所有权性质，农民住房所有权及宅基地使用权可用作抵押贷款
2016	中国银监会、国土资源部	《农村集体经营性建设用地使用权抵押贷款管理暂行办法》	开展农村集体经营性建设用地使用权抵押贷款工作
2017	中共中央、国务院	《关于深入推进农业供给侧结构性改革加快培育农业农村发展新动能的若干意见》	深入推进承包土地的经营权和农民住房财产权抵押贷款试点
2018	中共中央、国务院	《关于实施乡村振兴战略的意见》	推进宅基地"三权分置"改革，盘活农村闲置用地
2019	中共中央、国务院	《关于坚持农业农村优先发展做好"三农"工作的若干意见》	稳步推进农村宅基地制度改革，拓展改革试点，丰富试点内容，完善制度设计
2020	中共中央、国务院	《关于抓好"三农"领域重点工作确保如期实现全面小康的意见》	以探索宅基地所有权、资格权、使用权"三权分置"为重点，进一步深化农村宅基地制度改革试点

资料来源：课题组整理得出。

2. 地方政府及相关部门政策

2015年底,云南大理、丘北、武定被列为全国农民住房财产权抵押贷款试点地区。以大理为例,为推进农民住房财产权抵押贷款试点工作,大理市制定了《大理市农民住房财产权抵押贷款试点工作领导组工作会议组织方案》、《农村产权评估和抵押物处置相关指导意见》、《农民住房财产权抵押贷款处置指导意见》、《宅基地使用权和农民住房所有权价值评估工作指引》、《农民住房财产权抵押登记办法》和《贷款风险补偿基金管理实施细则》等文件。这些政策文件为农村"三权三证"抵押贷款试点实施提供了有力支持。

三 理论的有力支撑

"三权分置"是农村承包土地经营权抵押贷款、林权抵押贷款及农民住房财产权(含宅基地使用权)抵押贷款最强有力的理论支撑。"三权分置"是在原来"两权分设"(土地所有权和承包经营权)的基础上发展而来,是一种新的土地制度安排,其目的是让农村土地所有权、承包权及经营权各自作为独立的权利发挥作用。2018年修正的《农村土地承包法》已将农村土地所有权、承包权、经营权的"三权分置"以法律形式确立下来。

(一)土地"三权分置"

1. 土地"三权分置"的由来

土地"三权分置"与农村土地制度改革密切相关。在农村,农民与土地有着天然的关系,农民与土地的关系处理好了,农村的主要问题也就解决了。土地"三权分置"最早来自地方的探索与实践,后上升到理论与政策层面。"要好好研究农村土地所有权、承包权、经营权三者之间的关系",这是2013年7月22日习近平总书记在湖北省武汉农村综合产权交易所考察时特别强调的。2014年中央一号文件(《关于全面深化农村改革加快推进农业现代化的若干意见》)指出,要完善农村土地承包政策,稳定农村土地承包关系并保持长久不变,赋予农民对承包地的占有、使用、收益、流转及承包经营权抵押、担保权能。2016年4月25日,习近平总书记在考察安徽小岗村时指出:"我国农村改革是从调整农民和土地的关系开启的。新形势下深化农村改革，主线仍然是处理好农民和土地的关系。"2016年8月30日，中央全面深化改革领导小组第二十七次会议审议通过了《关于完善农村土地所有权承包权经营权分置办法的意见》，并指出深化农村土地制度改革，实行所有权、承包权、经营权"三权分置"，是继家庭承包制后农村改革的又一大制度创新，是农村基本经营制度的自我完善。紧接着2016年10月30日，中共中央办公厅、国务院办公厅出台了《关于完善农村土地所有权承包权经营权分置办法意见》，并提出把土地承包经营权分为承包权和经营权，所有权、承包权、经营权分置并行。

多年来中央一号文件一直聚焦"三农"问题，关于土地"三权分置"问题，2017~2019年的中央一号文件都有相关内容。2017~2019年三年的中央一号文件对土地"三权分置"的表述各有侧重，分别为落实土地"三权分置"办法、完善土地"三权分置"制度及完善土地"三权分置"法律法规和政策。从"落实办法"上升到"完善制度"进而到"完善法律法规和政策"，可以体现出认识逐步深入的过程（见表2-6）。

表2-6　2017~2019年中央一号文件中的土地"三权分置"改革政策

年份	出台部门	法律法规或政策性文件	土地"三权分置"相关内容
2017	中共中央、国务院	《关于深入推进农业供给侧结构性改革加快培育农业农村发展新动能的若干意见》	落实农村土地集体所有权、农户承包权、土地经营权"三权分置"办法
2018	中共中央、国务院	《关于实施乡村振兴战略的意见》	完善农村承包地"三权分置"制度，在依法保护集体土地所有权和农户承包权前提下，平等保护土地经营权
2019	中共中央、国务院	《关于坚持农业农村优先发展做好"三农"工作的若干意见》	完善落实集体所有权、稳定农户承包权、放活土地经营权的法律法规和政策体系

资料来源：课题组整理得出。

2. 土地"三权分置"的核心

"三权分置"的核心是放活土地的经营权。"三权分置"使农村土地权利变为土地所有权、土地承包权和土地经营权，其中土地所有权归农村集体，土地承包权归农户，土地经营权归土地经营者。土地经营者依法享有在一定期限内占有、耕作并取得相应收益的权利。由于土地经营权是独立的，经营主体依法依规设定抵押，或是再流转土地经营权，只需经承包农户或其委托代理人书面同意，并向发包人书面备案即可[①]。

农村土地经营权的设置解决了以下四个问题。一是种地问题。没有地能否种地？有承包土地不种的话会不会失去土地？土地经营权的出现，解决了没有承包地也可以种地的难题和有承包地可以不种地的问题，既保证了种地人利益不受损，也让承包地农民没有失地之忧。

二是土地有效利用问题。我国耕地有限，同时又存在大量闲置耕地。土地承包权和土地经营权分离，想种地、能种地的人就能去租地种，这样土地就能被高效利用起来，避免闲置与浪费。原来以承包经营权为核心的权利设置是基于自耕农为主的人地关系结构，种地的人就是获得承包经营权的人，也即种地人就是土地承包人，土地承包人就是种地人。土地流转出去后，人地关系便发生变化，相应的权利关系也会随之发生变化，今天的种地人不一定是承包人，而承包人也未必是种地人。"三权分置"加快了土地的流转。据农业部数据，2016 年全国家庭承包耕地流转面积 4.79 亿亩，占家庭承包耕地面积的 35.1%；流转出承包耕地的农户达 6789 万户，占承包农户总数的 29.7%。据国家统计局数据，截至 2018 年底，全国家庭承包耕地流转面积已超过 5.3 亿亩。

三是新型经营主体培育问题。培育种养大户、新型职业农民、家庭农场、农民合作社、龙头企业等新型经营主体，使其成为承接农户土地经营权流转、推动适度规模经营的主力军。通过土地流转实现土地适度集中，从而实现适度规模经营，提升农业规模化经营水平问题。

四是土地经营权成为有效抵押物的问题。农村承包土地经营权被赋予流转、抵押的功能，成为新的融资工具。"三权分置"是农村"三权三证"抵押贷款得以实施的重要理论基础。最初的"三权分置"是将农村土地承包经营权分为土地承包权和土地经营权。"三权分置"将农村土地的承包权和经营权分设开来后，土地经营权作为独立的用益物权可以作为有效抵

[①] 《农村土地承包法》（2018 年修正）第 47 条规定，承包方可以用承包地的土地经营权向金融机构融资担保，并向发包方备案。受让方通过流转取得的土地经营权，经承包方书面同意并向发包方备案，可以向金融机构融资担保。

押物。农村承包土地经营权作为抵押物,既不影响土地承包户的承包权益,也不影响土地经营人用其作抵押申请贷款。当然,土地承包户也可用农村承包土地经营权作抵押申请贷款,承包户的承包权也不受影响。

3. 承包土地经营权的抵押担保权能

在"两权分设"(即土地所有权归集体,承包经营权归农户)时,由于政策允许①土地承包经营权可用于抵押贷款,一些地方虽进行了积极大胆尝试,但银行金融机构仍顾虑重重,因为用土地承包经营权抵押贷款,贷款出问题怎么处置?土地承包经营权合二为一,处置的结果有可能让承包人不但失去土地经营权,也有可能同时失去土地承包权。"三权分置",土地承包经营权分为土地承包权和承包土地经营权,承包土地经营权可作为独立的权利发挥作用,单独行使抵押担保权能,可以说"三权分置"让农村土地经营权抵押贷款制度创新有了现实可能。

(二)宅基地"三权分置"

土地可以"三权分置",宅基地能否"三权分置"?答案是肯定的。受土地"三权分置"的影响,农村的宅基地也开始了"三权分置"改革。宅基地是稀缺资源,但在农村不少房屋被闲置甚至倒塌。中国社会科学院农村发展研究所和中国社会科学院出版社联合发布的《中国农村发展报告》指出,每年因农村人口转移而新增的农村闲置住房有5.94亿平方米。为什么会出现这一问题?如何解决这一问题?2015年1月,中共中央办公厅和国务院办公厅联合发布《关于农村土地征收、集体经营性建设用地入市、宅基地制度改革试点工作的意见》,我国宅基地制度改革进入试点阶段。

宅基地的"三权分置"是指将农村宅基地的权利分为宅基地所有权、宅基地资格权和宅基地使用权。宅基地所有权归集体;宅基地资格权归农户;宅基地使用权适度放活,农户可通过转让、互换、赠与、继承、出租、抵押、入股等方式流转宅基地使用权。宅基地"三权分置"是农村改革的重要组成部分。长期以来,农村宅基地主要用于居住建房,但随着农村人口的大量外流,该功能开始弱化,人们对宅基地资产功能的需求越来

---

① 2013年《中共中央关于全面深化改革若干重大问题的决定》提出土地的承包经营权可用于抵押贷款。

越强烈，也随之出现了转让、互换、赠与、继承、出租、抵押、入股等方式流转宅基地使用权的需求。宅基地"三权分置"的核心及突破点就是对宅基地居住建房功能之外的资产、资本功能的进一步认定。

2015年7月，宅基地改革试点工作在全国33个县（市、区）试点，其中浙江、四川各有两个县（市、区），其余29个省（自治区、直辖市）各有一个试点县。在此基础上，2016年中央一号文件进一步提出了"加快推进房地一体的农村集体建设用地和宅基地使用权确权登记颁证"，"完善宅基地权益保障和取得方式，探索农民住房保障新机制"。2016年3月，中国人民银行等六部门联合颁发《农民住房财产权抵押贷款试点暂行办法》。2016年9月，宅基地改革试点进入统筹推进阶段。此后，2017年至2020年连续四年的中央一号文件也都涉及相关内容（见表2-7）。

表2-7 2017~2020年中央一号文件中的农村宅基地改革

年份	出台部门	法律法规或政策性文件	宅基地相关内容
2017	中共中央、国务院	《关于深入推进农业供给侧结构性改革加快培育农业农村发展新动能的若干意见》	落实宅基地集体所有权、维护农户宅基地占有和使用权，增加农民财产性收入
2018	中共中央、国务院	《关于实施乡村振兴战略的意见》	落实宅基地集体所有权，保障宅基地农户资格权和农民房屋财产权，适度放活宅基地和农民房屋使用权
2019	中共中央、国务院	《关于坚持农业农村优先发展做好"三农"工作的若干意见》	稳慎推进农村宅基地制度改革，拓展改革试点，丰富试点内容，完善制度设计。抓紧制定加强农村宅基地管理指导意见。研究起草农村宅基地使用条例。开展闲置宅基地复垦试点
2020	中共中央、国务院	《关于抓好"三农"领域重点工作确保如期实现全面小康的意见》	以探索宅基地所有权、资格权、使用权"三权分置"为重点，进一步深化农村宅基地制度改革试点

资料来源：课题组整理得出。

随着农村养老及社会保障制度的逐步健全，人们越来越需要宅基地的财产属性及财产功能，需要还原及赋予宅基地抵押、担保权能。与此同时，农村宅基地"三权分置"，使得"三权"各自独立，宅基地使用权作为单独的权利独立行使用益物权的抵押、担保权能。宅基地"三权分置"之前，宅基地的资格权与使用权捆绑在一起，此时担心的是农户失去宅基地，发生"流离失所"的情况。宅基地"三权分置"后，宅基地所有权归集体，宅基地资格权归农户，宅基地使用权归使用者。由于宅基地资格权只有村集体成员才能有，即便其他人手上有使用权但因没有资格权，在处置使用权时有一定限制，对宅基地资格权人不会产生影响。宅基地"三权分置"从技术上解决了"流离失所"问题，不会出现宅基地资格权人"失房"现象。宅基地使用权作为单独的用益物权发挥作用，可抵押、可担保，也可转让、互换、赠与、继承、出租及入股等。这样既解决了宅基地使用权抵押、担保问题，也可通过宅基地使用权的流转增加农户的财产性收益。

（三）林地"三权分置"

有了土地"三权分置"，也就有了林地"三权分置"。2018年，国家林业和草原局要求探索建立集体林地"三权分置"运行机制。2018年5月，国家林业和草原局发布《关于进一步放活集体林经营权的意见》，提出加快建立集体林地"三权分置"运行机制。集体林地"三权分置"是指将原来的林地所有权和林地承包经营权"两权分离"变为林地所有权、林地承包权和林地经营权"三权分置"。其中，林地所有权归集体，林地承包权归承包户，林地经营权归实际经营人。林地经营权为用益物权，自身具有占有、使用、收益、抵押及担保等权能。在我国，林权抵押贷款试点比较早，也取得了显著的成效。但在试点过程中银行金融机构始终有后顾之忧，非常谨慎。林地的承包经营权包含林地承包权和林地经营权两项权益，如果用于抵押担保的"林权"中有承包权，对林权承包户有影响，人们会担心承包户"失林地"。林地"三权分置"后林权分为林地所有权、林地承包权和林地经营权。用于抵押、担保的是林地经营权。林地经营权可以由林地承包户支配，也可由其他实际林地经营人支配，对承包户而言，其可以通过流转、出租等方式增加财产性收益；对林地经营人而言，其可用流转到的林地经营权作为独立的用益物权申请抵押贷款。

四 实践的成功探索

近十多年来,全国多地开展了农村"三权三证"的抵押贷款实践探索,效果显著。这些实践探索一方面助推了农村"三权三证"的抵押贷款的开展,另一方面验证了农村"三权三证"的抵押贷款对解决农村大额融资难问题所起到的积极作用。

(一)农村承包土地经营权抵押贷款实践

1. 宁夏同心农村承包土地经营权抵押贷款模式

宁夏吴忠市同心县曾是国家重点扶持开发的一个贫困县。由于没有有效抵押物,当地农民贷款难问题非常普遍。从法律规定来看,农村四荒地可以用作抵押,但实际上因当地气候干旱,四荒地的价值不大,无法用来抵押。急用钱又实在没有其他办法时,农户便用自家的承包地私下交易。如何解决农户的贷款难问题?同心县农村信用合作联社在扬黄灌区开始探索土地经营权抵押贷款。最初的做法是让农户拿部分土地的承包经营权作抵押,每亩地贷款额不超过3000元。如果出现到期不能还款的情况,农户的承包地便由村里的土地抵押协会暂时托管。

2006年宁夏同心农村信用合作联社开始尝试农村承包土地经营权抵押贷款,开始时选择了8个村作试点,发放了150万元贷款,涉及750户农户,到2009年就覆盖了58个村,农户达4883户,贷款额也高达4400多万元。2015年12月,宁夏同心县被列为全国农村承包土地经营权抵押贷款试点地区。到2018年8月,同心县农村金融机构已为10509户农户及10家农村企业发放了2.2万笔土地经营权抵押贷款,贷款金额达6.9亿元。

2. 山东寿光农村承包土地经营权抵押贷款模式

山东寿光第一笔农村承包土地经营权抵押贷款发放于2008年4月。当时有6家农户分别得到10万元贷款。手续简单、方便,时间也短,贷款从申请到批下来,只用了一个多星期,利率也比一般贷款利率优惠20%。融资难与融资贵问题同时解决。2015年底,寿光成为全国农村承包土地经营权抵押贷款试点地区。2016年,寿光市发放农村承包土地经营权抵押贷款

271笔，贷款金额达1.96亿元，累计支持土地规模达11690亩，有效破解了农村融资难题。

3. 陕西高陵农村承包土地经营权抵押贷款实践

2008年，陕西高陵就开始筹备农村承包土地经营权抵押贷款试点工作。2010年首次发放这一贷款，首批共有5户农民获得29万元贷款。2015年底，高陵区被列为全国"两权"抵押贷款试点区。截至2018年8月，高陵区各农村金融机构累计发放农村承包土地经营权抵押贷款588笔，共计18290.07万元。

（二）林权抵押贷款实践

1. 浙江丽水林权抵押贷款实践

2006年，浙江丽水就开始了林权抵押贷款探索。2012年，中国人民银行批准其为农村金融改革试点区。2016年，丽水又成为国家林业局的全国集体林业综合改革试验示范区。经过几年的实践，截至2016年10月末，丽水累计发放林权抵押贷款169.7亿元，林权抵押贷款余额为52.6亿元，惠及林农16.22万户。

2. 福建武平林权抵押贷款实践

福建武平是"八山一水一分田"的林业大县，森林覆盖率达79.7%。2001年7月，武平率先启动集体林权制度改革试点工作，可以称之为全国林权改革第一县。2013年，武平县创新林权抵押贷款模式，实行"直接抵押+收储担保"贷款模式，并且设立了1500万元的收储担保基金，对担保贷款"先代偿、后处置"。这一做法充分调动了金融机构开办林权抵押贷款的积极性。经过多年的探索，武平县着力解决林权抵押贷款的"五难"——评估难、担保难、收储难、流转难及贷款难问题，并取得了明显的成效。

3. 广西田东林权抵押贷款实践

2008年12月，广西田东开启了农村金融综合改革试点工作。2009年，田东农村合作银行率先推出林权抵押贷款。在林权抵押贷款中，自然人最高可贷款500万元，企事业单位及其他经济组织最高可贷款800万元，期限为5~8年，利率优惠。2011年12月，田东县获批成为国家级农村改革试验区。2012年，田东县政府与中国银监会百色监管分局就发布了《关于开展农村产权抵押贷款试点工作的意见》，随即开展了林权抵押（质押）贷款及农村承包土地经营权抵押贷款工作，并且效果显著。截至2016年8月，田东县林地流转面积达40多万亩，林权抵押贷款余额为4亿多元，林权抵押累计贷款8亿多元。

4. 云南林权抵押贷款实践

2006年，云南开展了集体林权制度改革。2010年3月，《云南银行业林权抵押贷款管理暂行办法》颁布。为推动林权抵押贷款工作，2011年，云南省林业厅、云南省金融办及中国人民银行昆明中心支行等6部门联合下发了《加快推进林权抵押贷款的工作意见》；2012年，中国人民银行、云南省林业厅及云南省金融办等相关部门又联合下发了《关于进一步做好2012年林权抵押贷款工作的通知》。在政策的支持下，各金融机构包括国家开发银行、中国农业发展银行、中国农业银行、中国银行、中国建设银行及农村信用社均开展了林权抵押贷款业务，并且取得显著成效。截至2016年3月，云南省林权抵押贷款余额达167亿元，惠及921家企业、2.3万户农户，并且林权抵押贷款数额连续5年位居全国第一。

（三）农民住房财产权（含宅基地使用权）抵押贷款实践

1. 浙江义乌抵押贷款实践

2015年3月，浙江义乌被列为全国农村土地制度改革试点地区，开展农村宅基地制度改革试点工作。义乌建立了全国第一个宅基地基准地价体系，为村民宅基地抵押、调剂、置换提供价格依据。2015年4月，义乌首创首提、先行先试宅基地所有权、资格权和使用权"三权分置"，探索宅基地有偿使用的新形式，鼓励市场公开配置宅基地资源。2015年12月，义乌开始发放农房抵押贷款，截至2018年底，累计发放农房抵押贷款95.37亿元。

2. 福建晋江抵押贷款实践

晋江地处福建东南沿海。2015年2月，晋江被列为全国农村宅基地制度改革试点地区。晋江创新宅基地权益实现方式，把宅基地价值和房产价值一并放入评估范围。截至2019年6月底，晋江办理宅基地和农房抵押贷款 3751 笔，发放宅基地和农房抵押贷款 23.49 亿元。

3. 四川泸县抵押贷款实践

泸县位于四川盆地，是川东南的一个农业大县。2015 年泸县被列为全国农村土地制度改革试点地区。经过几年的探索，泸县宅基地制度改革成效显著，受到中央全面深化改革委员会办公室及自然资源部的肯定。截至 2019 年 3 月，全县腾退闲置宅基地 1.8 万亩，平均每户村民补偿 4.2 万元。泸县创新开展宅基地抵押贷款，实现"以地融资"。泸县探索建立宅基地及农房抵押贷款融资机制，市、县财政共同出资设立 1000 万元风险补偿基金。截至 2019 年 2 月，泸县共发放宅基地项目贷款 12.25 亿元，有效解决了宅基地制度改革中的资金需求问题。

第三章

云南省农村"三权三证"抵押贷款试点基本情况

农村"三权三证"抵押贷款是一项重大的农村金融制度与业务创新,从抵押物确权颁证到抵押贷款发放再到贷款风险控制管理与不良贷款处置等,涉及的环节很多。国家鼓励符合条件的地方先行先试,后又重点遴选一些地区进行全国性试点,以确保这一工作逐渐深入,得以在更大范围内推广。本章分析云南省农村"三权三证"抵押贷款试点基本做法、取得的主要成效、存在的主要问题及原因,并进一步分析云南省2016~2021年农村"三权三证"抵押贷款规模与结构。

第一节 云南省农村经济金融特征

一 云南省农村经济基本特征

(一)农村居民生活水平及生活质量不断提高

根据云南省第三次全国农业普查数据,2016年末,云南省99.4%的农户拥有自己的住房。其中,拥有1处住房的824.8万户,占93.6%;拥有2处住房的48.2万户,占5.5%;拥有3处及以上住房的2.6万户,占0.3%;拥有商品房的20.2万户,占2.3%。尽管只有30.0%的农户使用经过净化处理的自来水以及12.7%的农户使用水冲式卫生厕所,但相较以往已经有很大改善。

(二) 农业经营主体以农业经营户为主

根据云南省第三次全国农业普查数据，2016 年末，云南省农业经营户 840.8 万户，规模农业经营户 8.0 万户，农业经营单位 8.5 万个。在工商部门注册的农民合作社总数为 4.2 万个，其中，农业普查登记的以农业生产经营或服务为主的农民合作社有 2.2 万个。农业经营主体以农业经营户为主，农民所从事的生产与经营呈现分散化、低效率及高风险的特征。

(三) 农村"空心化"问题比较严重

云南省第三次农业普查数据显示，2016 年云南省农村人口数量再度减少，逐步向城镇转移。云南是农村劳动力输出省，每年转移的农村劳动力有数十万人，2013 年至 2017 年云南省农业人口市民化累计转户 413 万人。据云南省统计年鉴，2017 年全省常住人口中，城镇人口为 2241.4 万人，乡村人口为 2259.1 万人。2017 年同 2007 年相比，城镇人口增加 815.4 万人，乡村人口减少 528.9 万人，乡村人口出现了负增长，且比重下降 15.09 个百分点。乡村户数则由 2007 年时的 834.5 万户减少到 752.7 万户，平均家庭规模也由每户 3.7 人减少到每户 3.4 人。

二 云南省农村金融服务特征

(一) 农村金融服务供需"双不足"

农村金融服务供需"双不足"是指农村金融服务供给不足和农村金融有效需求不足。长期以来，云南省农村金融服务供给不足，农村金融资源短缺，导致"融资难""融资贵"，制约了农村经济社会的发展。农村金融有效需求不足主要表现在两个方面。一是农户普遍缺乏有效抵押物。缺乏银行等金融机构认可的抵押物是导致农村大额融资难的关键因素。二是农户家庭经济能力有限。农户存在地少、户小、收入少、受教育程度低、经济结构传统及融资规模小等不利因素，影响了对大额融资的需求。

(二)农村金融服务供求失衡

近年来,农村资金需求主体不断多元化,有农户、林农、专业合作社、农业企业、林业企业及家庭农场等,金融需求也呈现多样化及个性化。除了生产性资金需求外,还有教育、医疗及住房方面的资金需求。在融资期限上也有不同需求。同时,农村资金外流现象严重,大量农村资金流入城市或其他非农领域,加剧了农村资金供求关系的紧张。

(三)农村金融服务广度深度均不足

以云南沿边的广南县、施甸县和陇川县为例。云南沿边农村的金融服务网点大部分设在乡镇一级,且经营规模小,服务设施较差,农户难以享受到便利快捷的金融服务。截至2016年8月,云南省广南县、施甸县和陇川县三县,在接受问卷调查的572户农户中,有37.41%的农户认为办理存取款业务不太方便,而对银行服务感到满意的农户占比仅为20.8%。云南省沿边地区农村金融基础设施建设和服务均处于较低水平,与农村居民对金融服务的需求还存在较大差距。

云南县域金融资源也十分短缺。以云南沿边三县为例,截至2016年8月,广南县内入驻的金融机构仅有5家,分别为中国农业银行、中国建设银行、云南省农村信用社、中国邮政储蓄银行及文山广南长江村镇银行。惠农支付服务点也仅有2个。虽然乡镇一级有ATM机(可以存款、取款、汇款、转账等)88台,但村一级没有ATM机。陇川县也只有中国农业银行、云南省农村信用社、中国农业发展银行及中国邮政储蓄银行几家金融机构。流动服务点(站)也仅有2个。由此可以看到,云南县域农村金融机构、网点及金融基础设施普遍不足,村一级更是基本没有金融服务设施。在一些偏远山寨,由于没有金融服务网点,办理业务要到十几公里以外的乡镇或县城,可见农村金融服务的严重缺位。

(四)农村金融业务呈现"两高一低"现象

"两高一低"即成本高、风险高和收益低。由于农村金融服务直接面对"三农",多为小额贷款,其客户量大、服务面广、业务种类多。

要服务好偏远地区，就更需要加大营业网点的覆盖范围，银行业金融机构需要投入较多的资金，同时偏远农村地区金融经济社会环境差，信用体系不健全，农村居民法律观念较为薄弱，另外，农村金融资源配置水平低，整体风险高，再加上农村客户数量多而散且每次单笔交易额较小，银行资金回报率低，致使农村金融机构业务难以有力开展，经营可持续性受到影响。

第二节　云南省农村"三权三证"抵押贷款试点情况

一　主要做法

（一）试点早、范围覆盖广

云南省农村"三权三证"抵押贷款业务试点不仅开展时间早，覆盖范围也比较广。早在2006年，云南就开始了林权抵押贷款的试点，并且取得了明显成效，从2010年起，连续多年林权抵押贷款数额位于全国第一。2011年，云南省启动了以"三权三证"抵押贷款为重点的"三农"金融服务改革创新试点工作，2012年在开远、富宁、隆阳、富源、晋宁、东川6个县（市、区）深化试点，2013年扩大到44个县（市、区），2014年"三权三证"抵押贷款业务在全省范围内推开。2016年，云南有9个县（市）[1]被列为全国"两权"（农村承包土地经营权和农民住房财产权）抵押贷款试点地区。云南已建起承包土地等数据库和信息化管理系统，实现了从中央层面到县级层面的四级管理。云南林权信息管理系统和林权交易平台已实现对全省16个州（市）129个县（市、区）的全覆盖，设立三级林权管理服务机构141个。2016年2月，我国首个林业大数据中心和林权交易（收储）中心落户云南。截至2015年8月，云南省推出农业保险

---

[1] 云南省的开远市、砚山县、剑川县、鲁甸县、景谷县、富民县试点农村承包土地的经营权抵押贷款；大理市、丘北县、武定县试点农民住房财产权抵押贷款。

险种20个，基本覆盖云南农业经济发展中地位重要的粮食作物、经济作物、大小牲畜和经济林木，覆盖全省129个县（市、区）。

（二）有序推进确权登记颁证基础工作

确权、登记及颁证工作是开展农村"三权三证"抵押贷款的重要基础，有权有证才能办理抵押贷款。2012年，云南省正式启动农村"三权三证"抵押贷款工作。2015年末，云南全省129个县（市、区）已有80个县（市、区）开展了农村土地承包经营权确权、颁证试点工作。2016年，农业部批准云南省开展全国土地确权整省推进试点。到2018年8月底，云南省所有县（市、区）都开展了农村土地确权登记颁证工作，共颁发承包经营权证书625.9万本。

（三）政策措施逐步配套

为保证农村"三权三证"抵押贷款试点工作的快速推进，云南省政府高度重视相关支持政策及配套措施的制定及落实。一是制定了一系列制度办法。自2010年以来，云南省政府出台了《推进"三农"金融服务改革创新试点工作方案》以及关于农村承包土地经营权流转、农村居民房屋所有权及宅基地使用权流转、林木林地流转管理的多部实施意见。二是采取多种措施齐力推进。第一，按照政府推动与市场运作相结合的模式，组建了农村综合产权交易平台和征信融资综合服务平台。第二，建立农村"三权三证"抵押融资风险补偿机制。第三，建立完善农业大灾风险分散机制。第四，加大监督检查力度，发现问题及时研究解决，确保各项工作有序推进。

（四）农村信用社积极作为，发挥了主力军作用

云南省农村信用社是涉农金融机构中开展"三权三证"抵押贷款业务的主力军，抵押贷款规模稳居第一。在政府尚未出台明确的"三权三证"抵押贷款操作细则的情况下，云南省农村信用社通过广泛的调查了解，根据中国人民银行昆明中心支行发布的《鼓励金融机构创新金融产品指导意见》的文件精神，结合实际，率先对"三权三证"抵押贷款进行了尝试。

云南省农村信用社各县（市、区）联社通过试点摸索经验，也陆续出台了指导本级工作的实施细则，对贷款对象、条件、用途、额度、期限、利率、程序、管理等做出全面规定。一系列政策文件的出台也为云南省农村信用社开展"三权三证"抵押业务提供了必要制度条件和操作依据。在云南省各大涉农金融机构中，据中国人民银行昆明中心支行资料，近些年来云南省农村信用社开展的"三权三证"抵押贷款业务量占比在60%以上，农地及农房抵押贷款占比在70%以上。

（五）创新服务方式，提高贷款效率

云南各地积极探索，创新服务方式，推动"三权三证"抵押贷款的开展。一是"直通车"模式。云南文山的广南县大胆实践，依托政府部门行政审批电子监察系统增设"三权三证"抵押贷款功能模块，并将其命名为"三权三证抵押贷款直通车"。二是减少中间环节，提高办贷效率。在墨江，借款人在办理房地产和土地使用权抵押登记管理时，在贷款金融机构与借款人双方认定抵押物价值后，即可向国土和住建登记部门提交办理抵押登记相关手续的申请，这种做法减少了中间环节，提高了办贷效率。三是优化登记流程。云南玉溪市辖区内农村信用社将30万元以下的林权抵押贷款审批权限下放至各县（市、区）联社，缩短了贷款审批时间，减少了贷款申办手续。

（六）建立风险补偿机制

云南一些地区，为推动"三权三证"抵押贷款建立了风险补偿机制。云南开远市为推进"三农"金融服务改革工作，制定了《开远市"三农"金融服务抵（质）押融资风险补偿办法（试行）》，为建立农村金融风险分担机制提供了制度保障，开远市财政安排500万元专项资金作为农村产权抵（质）押融资风险金，专项用于收购抵债资产和对金融机构"三农"贷款本息损失的补偿。在已经出现的农村承包土地经营权抵押不良贷款中，开远市农村信用社经过依法起诉，对4户7笔贷款，本金1220万元，利息356万元，向开远市财政局申请风险补偿，申请原因为起诉后无财产可供执行，申请补偿金额1576万元。云南大理市政府设立500万元的农民住房财产权抵押贷款风险补偿基金，规定对承办农民住房财产权抵押贷款的银行机构给予一定的损失补偿。

（七）探索"三权三证"抵押贷款多种模式

（1）"农村宅基地使用权抵押+生产经营保证"的农房抵押贷款模式。此类贷款是以"惠众贷"融资的方式，规定每户贷款额暂限定在 30 万元以内，实行"一次授信、随借随还、循环使用"，贷款期限为 6 个月，贷款灵活方便，实际利率比同期贷款利率低 2%~3%，适合部分个体经营者短期资金周转和临时购销结算。

（2）"农村宅基地土地使用证+房屋所有权证"的农房抵押贷款模式。临沧市开展的农村房屋抵押贷款要求两证齐全，包括"产权清晰证明"和"土地使用权和房产所有权允许流转的证明"。金融机构直接将土地证和房产证抵押入库作为担保，对抵押资产按银行内部评估作价，基本按资产评估值的 60%~70%进行贷款。

（3）直接抵押贷款模式。这是云南省农村信用社采用的一种方式。土地承包经营权人在不改变土地所有权性质、不转移土地占有和农业用途的前提下，以土地承包经营权及地上附着物作为抵押物或将农村房屋所有权直接抵押向云南省农村信用社申请贷款。

（4）土地经营权抵押或农民住房财产权抵押加其他担保的组合模式。这也是云南省农村信用社常用的一种方式。贷款人用土地经营权或农村房屋作为抵押，当抵押物价值无法完全覆盖贷款风险时，云南省农村信用社则要求借款人提供如生产经营保证等作为该笔融资担保的补充。

（八）积极推进产权交易平台的建设

产权交易平台建设是云南各地区积极推进的一项工作。2014 年 8 月 6 日，云南省首个县级产权交易中心（即开远城乡产权交易服务中心）开业。2015 年 12 月，大理市被列为全国农民住房财产权抵押贷款试点地区后，大理市政府积极拓展和完善公共资源交易中心平台的功能，加快建设覆盖全市的农村产权交易市场平台。

二 主要成效

(一) 缓解了农村融资难问题

农村"三权三证"抵押贷款试点在一定程度上缓解了农户融资难尤其是大额融资难问题，出现了德·索托效应①。在云南富民，一丘田都市农庄利用 48 亩流转而来的农村承包土地经营权作为抵押，向银行贷款 300 万元，用于购置农庄用品，解决了公司流动资金匮乏、融资渠道狭窄问题。据中国人民银行昆明中心支行资料，截至 2017 年 4 月底，富民县农村承包土地经营权抵押贷款达 6476.4 万元，土地抵押面积达 3814.577 亩，惠及农户 404 户。云南景谷也是全国农村土地经营权抵押贷款试点地区，截至 2016 年 4 月末，景谷银行业金融机构累计向 23 户农户和 2 户专业大户发放直接抵押贷款和追加补充抵押贷款 367 万元。这对于缓解农户尤其是农业大户融资难起到了积极作用。

(二) 支持了新型农村经营主体的快速发展

大力培育发展新型农业经营主体和服务主体，是关系我国农业农村现代化的重大战略。农村"三权三证"抵押贷款对支持新型农业经营主体发展起到了积极作用。2016 年 4 月，在中国人民银行普洱市中心支行的积极推动下，中国农业银行景谷县支行向永平招商引资专业大户潘于文发放了 150 万元 1 年期土地经营权抵押贷款，支持其在永平镇种植大棚西瓜，将景谷嘉禾大棚果蔬专业合作社的经营范围扩展至蔬菜、西瓜、葡萄种植销售、化肥、农药零售。同时，中国农业银行景谷县支行还向本土专业大户刀新林发放了 100 万元 1 年期土地承包经营权抵押贷款，支持其从事山庄经营及农作物种植，经营景谷富态源蔬菜种植专业合作社。在银行贷款的支持下，通过集中连片、适度规模流转，涌现出了景谷嘉禾大棚果蔬种植专业合作社、景谷花卉种植有限公司等一批规模化程度高、具有良好经济

---

① 德·索托效应是指资产通过明晰产权具备有效抵押物的属性后，贷款发放增加，信贷市场的运作绩效得到提升。

效益的种植业新型农业经营大户。

（三）促进了农民脱贫增收

云南以农村"三权三证"抵押贷款作为扶贫攻坚的重要抓手，通过对贫困户建档立卡，实现金融精准支持。云南剑川县是全国农村承包土地经营权抵押贷款试点地区，2015年2月，陈四全、陈剑伟从农村信用社获得60万元农村承包土地经营权抵押贷款，创办了剑川福锦源木器木雕有限公司，生产家具和古建筑产品等，年产值900多万元，带动了周边20多户建档立卡贫困户脱贫致富。普洱市思茅区南屏镇整碗村老董寨村民小组将5000亩集体林地抵押，贷款500万元新种植了5.3万余亩的用材林。此外，该村民小组还成立了茶叶专业合作社，种植了1.5万亩茶树，茶地、思茅松林地都可以用来抵押贷款，该村民小组的人均年收入从以往的800元增加到15000元。

（四）支持了震后重建工作

2011年3月10日，云南省盈江县发生5.8级地震，大量房屋倒塌，损失严重。为支持灾后重建工作，当地农村信用社通过林权抵押贷款，向204户林农发放了495万元恢复重建贴息贷款，为受灾农户提供了资金保障。2014年10月7日，云南省景谷县发生了6.6级地震。震后恢复重建得到了国家和当地政府扶持、补助，但为了建房子受灾户还需自筹几万元到数十万元的资金。当时，当地农村信用社已经开始尝试农村土地经营权抵押贷款，提出凡领到土地权证的农户，只要经过评估，即可获得农村信用社提供的多至7万元少至2万元的承包土地抵押贷款。2015年7月2日，在景谷农村土地承包经营权确权登记颁证仪式上，中国农业银行景谷县支行和农村信用联社向永平镇费竜村首批获得"农村土地承包经营权证"的15户农户现场发放了首笔农村土地承包经营权抵押贷款77万元，全部用于震后房屋恢复重建。

（五）促进了地区稳定与民族团结

农村"三权三证"抵押贷款不仅缓解了农业经营主体融资难问题，帮助了贫困农户脱贫致富，还促进了边疆民族地区稳定和民族团结。2007年，为维护胶农的利益，在政府的协调下，云南普洱孟连县银行向2274户胶农发放了10032万元的林权抵押贷款，促进了经济发展，也在一定程度上化解了社会矛盾。林权抵押贷款在我国与缅甸、老挝等国合作推动的罂粟"替代种植"禁毒治本新模式中也发挥了积极作用，如沧源佤族自治县农村信用合作联社发放林权抵押贷款1600万元，支持临沧某公司与缅甸第二特区勐冒县合作开展境外橡胶种植，面积达4.7万亩，促进了边民友好合作和边境安全稳定等。

三 存在的主要问题及成因分析

云南省农村"三权三证"抵押贷款试点取得了显著成效，但也存在一些问题，主要体现在确权颁证、市场配套、风险保障及贷款风险等方面。

（一）确权颁证推进难度大

确权颁证是重要的基础性工作，是农村"三权三证"抵押贷款开展的前提。目前影响确权颁证工作存在的问题主要有以下几方面。

（1）确权颁证面广、量大，各方支持配合难度较大，需要政府、农户、中介评估机构等各方面的参与及配合。目前，云南省各地区推进速度参差不一，有的较快有的较慢，市场参与各方在思想上缺乏统一认识，在行动上也就难以协调一致，影响了全面推进。

（2）确权经费筹措难度大影响工作进度。农村"三权三证"的确权颁证工作涉及面广、难度大、技术要求高，需要投入大量的人力、物力、财力，也需要多部门的配合。云南总体经济不发达，各地区财力情况又有差异，全面完成各项确权颁证工作难度很大。

（3）确权资料收集难度大，矛盾纠纷解决难。部分农户确权颁证意识不足，对确权工作重视不够，资料提交积极性不高；农村人户分离、人地分离等现象较多，大量的农村人员外出务工，信息资料收集难度大；业务部门工作推进中未形成合力，资料信息共享度不高，重复采集现象突出，影响确权质量和进程。同时，土地、林地、宅基地在权属上存在较多争议，林权边界模糊不清，一户多宅、沿路建房、违规建房等历史遗留问题解决难度大，矛盾纠纷调处难度大、调处率低，这些都影响了土地、林地、农房和宅基地的确权颁证工作的推进。

（4）缺乏专门抵押登记机构。抵押物必须办理登记，否则，抵押合同不生效，不具有法律意义。农村"三权三证"抵押贷款仍在试点阶段，很多地方尚没有成立专门的登记机构，在缺乏专门的抵押登记机构的情况下，抵押登记完成难度大，影响了"三权三证"抵押贷款工作进程的推进。

（5）工作力量薄弱。一些地区"三权三证"抵押贷款工作领导小组未及时调整充实到位，在一定程度上影响了此项工作的开展。农业、林业、住建等业务部门工作人员身兼多职，难以对确权颁证工作全程指导。近年来脱贫攻坚和其他临时性工作安排抽调了大量相关业务部门人员，分散了队伍力量。部分地区抽调协助"三权三证"抵押贷款工作的人员相继返回原单位，导致这一工作"无人接力"，出现工作衔接不到位等问题。

（二）市场配套体系不完善

（1）农村"三权三证"流转服务平台建设滞后。农村"三权三证"流转服务平台是"三权三证"交易、流转的基础设施，也是影响"三权三证"交易、流转的关键要素。农村"三权三证"流转服务平台建设滞后，抵押物处置难必然制约"三权三证"抵押贷款的发展。从林权交易情况来看，林业部门牵头推进的林权抵押贷款取得了一些积极进展，但地区发展不均衡、进展不一。从土地承包经营权流转来看，土地经营权抵押"面广、量大、分散"，农村居民房屋产权抵押流转服务更趋滞后。

（2）评估环节问题突出。农村"三权三证"评估市场不健全、运行不规范。评估机构资质不高，机构数量少，缺乏专业的评估人才和标准体系，存在对抵押价值严重低估或者故意高估，评估收费不合理等情形。评估手续不规范，专业的土地承包经营权评估机构尚未设立，也无专业的农村房屋评估机构，抵押物价值只能靠借贷双方共同认定，存在一定的操作风险。抵押登记手续不规范，评估费用较高，增加了农户的贷款成本，评估价值亦较难确定，公信力低。

（3）抵押物处置难。农村"三权三证"作为抵押资产，必须便于流通变现，目前一些地区则无法对其进行挂牌交易，实际上成为不可交易的"死资产"。这是银行业金融机构对这一业务持谨慎态度的主要原因，一旦成为不良贷款，银行要处置抵押物会变得十分困难。以农房抵押贷款为例，如果贷款逾期且双方协商不成，无疑会走法律程序，但农户败诉后仍拒绝交出抵押房屋或进行各种非法干扰，银行也无法强行处置，既要尽量使农民权益不受损害，又要维护农业生产与农村稳定，这对银行来讲是两难矛盾，进退都很困难，最终由于抵押物处置难导致银行无法收回贷款而产生损失。

（4）风险补偿不到位。一是部分地区的政府有关部门尚未设立农村产权抵押贷款风险补偿基金，二是部分设立了农村产权抵押贷款风险补偿基金的地区并未兑现补偿承诺。由于部分政府部门工作没有做到位，保险公司及担保公司的风险分担工作推动效果不明显。由于银行业金融机构缺乏有效的风险补偿机制和风险转移渠道，贷款损失不能得到应有补偿，严重影响其发放"三权三证"抵押贷款的积极性。

（三）风险保障机制不健全

农业是靠天吃饭的行业，容易受到自然风险和市场价格波动的影响，如经营失败势必影响农户按期偿还贷款，其所抵押的土地资源将交由金融机构变现处置或流转变卖给邻里村民，这将导致农户丧失承包土地经营权或宅基地使用权，带来失地风险，进而影响正常生产生活。另外，农村地区相关养老、救助机制还不完善，若违约农户不能及时获得政府救助和社会保障，易出现债权、债务纠纷，法律诉讼，邻里不和等问题，引起社会不稳定。

（四）银行业金融机构与地方政府的博弈影响其积极性

我国银行业金融机构基本上是实行总分行制，管理体制是纵向管理。金融固然要服务地方经济发展，但在金融服务地方经济的过程中，金融机构与地方政府双方存在合作与博弈关系。农村"三权三证"抵押贷款是政府主推的工作，地方政府处于主动地位，银行业金融机构虽然作为贷款主体和风险控制主体，但在整个抵押贷款过程（即包括贷前、贷中和贷后）中处于次要和被动地位。地方政府首先考虑的是政策的需要及其对地方经济发展的推动，银行作为商业性金融机构，更多考虑的是贷款的安全性、流动性及营利性，二者在某种程度上存在冲突。找到二者间的平衡点是促进农村"三权三证"抵押贷款发展的关键所在。

（五）贷款风险高

不良贷款是银行业金融机构考核的硬指标，也是衡量其贷款风险管理的重要指标。近几年云南农村"三权三证"抵押贷款不良率偏高。据中国人民银行昆明中心支行的数据，2016~2021 年，云南省农村承包土地经营权抵押不良贷款（按资产质量划分）的不良率如下：2016 年为 3.61%，2017 年为 5.60%，2018 年为 4.12%，2019 年为 5.34%，2020 年为 26.17%，2021 年为 50.59%。六年不良贷款率平均为 15.90%。2016~2021 年云南省农民住房财产权抵押不良贷款情况（按资产质量划分）如下：2016 年的不良贷款率为 5.40%，2017 年的不良贷款率为 7.34%，2018 年的不良贷款率为 8.66%，2019 年的不良贷款率为 8.57%，2020 年的不良贷款率为 7.25%，2021 年的不良贷款率为 6.55%。六年不良贷款率平均为 7.30%。

云南省承包土地经营权不良贷款率和云南省农民住房财产抵押不良贷款率远高于云南省商业银行平均不良贷款率为 3% 的水平，这也使各家银行发放"三权三证"抵押贷款非常谨慎。

第三节　云南省农村"三权三证"抵押贷款规模与结构分析

为更好地了解云南省农村"三权三证"抵押贷款情况，本书对 2016~2021 年云南省农村"三权三证"抵押贷款相关数据进行了详尽分析，从中可以看出六年来云南省农村"三权三证"抵押贷款的数量规模与结构情况及所存在的问题。

一 云南省农村"三权三证"抵押贷款数量与结构（2016~2021年）

（一）农村"三权三证"抵押贷款数量及变化

2016~2021年，云南省农村"三权三证"抵押贷款余额总规模为8468758万元，其中林权抵押贷款余额为6336121万元，占比最大，高达74.82%；农民住房财产权贷款余额为1855548万元，占比为21.91%；土地经营权抵押贷款余额为277089万元，占比只有3.27%。

2016年，云南省农村"三权三证"抵押贷款余额为2009502万元，其中土地经营权抵押贷款余额为49442万元，占农村"三权三证"抵押贷款总额的2.46%；农民住房财产权抵押贷款余额为504828万元，占比25.12%；林权抵押贷款余额为1455232万元，占比72.42%。从中看出，林权抵押贷款数量最大，占比也最高，超过70%，其次为农民住房财产权抵押贷款，土地经营权抵押贷款数量最少。

2017年，云南省农村"三权三证"抵押贷款余额为1688187万元，其中土地经营权抵押贷款余额为67784万元，占农村"三权三证"抵押贷款总额的4.02%；农民住房财产权抵押贷款余额为380067万元，占比22.51%；林权抵押贷款余额为1240336万元，占比73.47%。2017年林权抵押贷款余额仍最多，占比也最高，超过70%，其次为农民住房财产权抵押贷款，土地经营权抵押贷款数量最少，占比也只有4.02%。

2018年，云南省农村"三权三证"抵押贷款余额为1494336万元，其中土地经营权抵押贷款余额为72004万元，占农村"三权三证"抵押贷款总额的4.82%；农民住房财产权抵押贷款余额为294897万元，占比19.73%；林权抵押贷款余额为1127435万元，占比高达75.45%。林权抵押贷款占比最高，其次为农民住房财产权抵押贷款，土地经营权抵押贷款占比最小。

2019年，云南省农村"三权三证"抵押贷款余额为1336220万元，其中土地经营权抵押贷款余额为43614万元，占农村"三权三证"抵押贷款总额的3.26%；农民住房财产权抵押贷款余额为256890万元，占比19.23%；林权抵押贷款余额为1035716万元，占比高达77.51%。林权抵押贷款占比最高，其次为农民住房财产权抵押贷款，土地经营权抵押贷款占比最低。

2020年，云南省农村"三权三证"抵押贷款余额为1044763万元，其中土地经营权抵押贷款余额为27138万元，占农村"三权三证"抵押贷款总额的2.60%；农民住房财产权抵押贷款余额为228491万元，占比21.87%；林权抵押贷款余额为789134万元，占比达76.53%。林权抵押贷款占比最高，其次为农民住房财产权抵押贷款，土地经营权抵押贷款占比最低。

2021年，云南省农村"三权三证"抵押贷款余额为895750万元，其中土地经营权抵押贷款余额为17107万元，占农村"三权三证"抵押贷款总额的1.91%；农民住房财产权抵押贷款余额为190375万元，占比21.25%；林权抵押贷款余额为688268万元，占比76.84%。林权抵押贷款占比最高，其次为农民住房财产权抵押贷款，土地经营权抵押贷款占比最低。

2016~2021年云南省农村"三权三证"抵押贷款数量（余额）及分布情况如表3-1所示。

表3-1 2016~2021年云南省农村"三权三证"抵押贷款数量（余额）及分布情况

年份	金额（万元）	土地经营权抵押贷款（万元）	占比（%）	农民住房财产权抵押贷款（万元）	占比（%）	林权抵押贷款（万元）	占比（%）
2016	2009502	49442	2.46	504828	25.12	1455232	72.42
2017	1688187	67784	4.02	380067	22.51	1240336	73.47
2018	1494336	72004	4.82	294897	19.73	1127435	75.45
2019	1336220	43614	3.26	256890	19.23	1035716	77.51
2020	1044763	27138	2.60	228491	21.87	789134	76.53
2021	895750	17107	1.91	190375	21.25	688268	76.84

资料来源：中国人民银行昆明中心支行。

从表3-1中看出，2016~2021年，云南省农村"三权三证"抵押贷款数量与结构的变化。从数量上来看，"三权三证"抵押贷款数量都有所减少，2016年云南省农村"三权三证"抵押贷款余额为2009502万元，2017年为1688187万元，2018年为1494336万元，2019年为1336220万元，2020年为1044763万元，2021年为895750万元。其中，2017年比2016年减少321315

万元，减少 15.99%；2018 年比 2017 年减少 193851 万元，减少 11.48%；2019 年比 2018 年减少 158116 万元，减少 10.58%；2020 年与 2019 年相比减少 291457 万元，减少 21.81%，与之前相比，2020 年是减幅最大的一年。2021 年比 2020 年减少 149013 万元，减少 14.26%。

从结构上来看，林权抵押贷款在"三权三证"抵押贷款中的占比最高，2016~2021 年平均占比为 75.37%，最高为 77.51%（2019 年），最低为 72.42%（2016 年）；其次为农民住房财产权抵押贷款，六年平均占比为 21.62%，最高为 25.12%（2016 年），最低为 19.23%（2019 年）；土地经营权抵押贷款占比最低，六年平均占比为 3.17%，最高为 4.82%（2018 年），最低仅为 1.91%（2021 年）。

（二）农村"三权三证"抵押贷款数量变动情况

1. 农村承包土地经营权抵押贷款

2016 年云南省农村承包土地经营权抵押贷款余额为 49442 万元，2017 年为 67784 万元，2018 年为 72004 万元，2019 年为 43614 万元，2020 年为 27138 万元，2021 年为 17107 万元。从六年的情况来看，云南省农村承包土地经营权抵押贷款数量与占比呈先增后减的态势，2017 年比 2016 年增加 18342 万元，增长 37.10；2018 年比 2017 年增加 4220 万元，增长 6.23%。云南省农村承包土地经营权从 2019 年开始减少，2019 年比 2018 年减少 28390 万元，减幅为 39.43%；2020 年比 2019 年减少 16476 万元，减幅为 37.78%；2021 年比 2020 年减少 10031 万元，减幅为 36.96%。2016~2021 年云南省农村承包土地经营权抵押贷款在"三权三证"抵押贷款数量先增后减，而且减幅较大。

2. 农民住房财产权抵押贷款

2016 年云南省农民住房财产权抵押贷款余额为 504828 万元，2017 年为 380067 万元，2018 年为 294897 万元，2019 年为 256890 万元，2020 年为 228491 万元，2021 年为 190375 万元。从其六年的情况来看，云南省农民住房财产权抵押贷款数量呈减少态势。其中，2017 年比 2016 年减少 124761 万元，下降 24.71；2018 年比 2017 年减少 85170 万元，下降 22.41%；2019 年比 2018 年减少 38007 万元，下降 12.89%；2020 年比 2019 年减少 28399

万元,下降11.05%;2021年比2020年减少38116万元,下降16.68%。

3. 林权抵押贷款

2016年云南省林权抵押贷款余额为1455232万元,2017年为1240336万元,2018年为1127435万元,2019年为1035716万元,2020年为789134万元,2021年为688268万元。从其六年的情况来看,云南省林权抵押贷款数量呈减少趋势。其中,2017年比2016年减少214896万元,减幅为14.77%;2018年比2017年减少112901万元,减幅为9.10%;2019年比2018年减少91719万元,减幅为8.14%;2020年比2019年减少246582万元,减幅为23.81%;2021年比2020年减少100866万元,减幅为12.78%。

(三) 农村"三权三证"抵押贷款结构变化

1. 农村承包土地经营权抵押贷款

从"三权三证"抵押贷款的结构看,2016年承包土地经营权抵押贷款占比为2.46%,2017年占比为4.02%,2018年占比为4.82%,2019年占比为3.26%,2020年占比为2.60%,2021年占比为1.91%。从其六年的情况来看,土地经营权抵押贷款占比有升有降,其中2017年、2018年占比上升,2019年、2020年及2021年三年的占比均下降。

2. 农民住房财产权抵押贷款

2016年农民住房财产权抵押贷款余额在农村"三权三证"抵押贷款余额中的占比为25.12%,2017年占比为22.51%,2018年占比为19.73%,2019年占比为19.23%,2020年占比为21.87%,2021年占比为21.25%。从其六年的情况来看,农村住房财产权抵押贷款占比有降有升,其中2017年、2018年、2019年、2021年均较前一年有所下降,而2020年则相较前一年有所上升。这也是云南省农民住房财产权抵押贷款与土地经营权抵押贷款和林权抵押贷款变化的不同之处。

3. 林权抵押贷款

2016年林权抵押贷款余额在农村"三权三证"抵押贷款余额中的占比为72.42%,2017年占比为73.47%,2018年占比为75.45%,2019年占比为77.51%,2020年占比为76.53%,2021年占比为76.84%。从其六年的情况来看,林权抵押贷款占比变化有升有降,其中2017年、2018年及

2019年占比均较上一年有所上升，而2020年占比出现下降。

二 云南省农村承包土地经营权抵押贷款数量与结构（2016~2021年）

（一）云南省农村承包土地经营权抵押贷款数量与结构（按期限划分）：2016~2021年

2016年云南省农村承包土地经营权抵押贷款余额为49442万元，按期限长短不同划分，短期贷款（1年以内含1年）有15248万元，中长期贷款（1年以上）有34194万元。其中，短期贷款（1年以内含1年）占30.84%，中长期贷款占69.16%。中长期贷款（1年以上）占比较高，接近70%。

2017年云南省农村承包土地的经营权抵押贷款余额为67784万元，按期限长短不同划分，短期贷款（1年以内含1年）有37131万元，中长期贷款（1年以上）有30653万元。其中，短期贷款（1年以内含1年）占54.78%，中长期贷款（1年以上）占45.22%，短期贷款（1年以内含1年）占比高于中长期贷款（1年以上）。

2018年云南省农村承包土地的经营权抵押贷款余额为72004万元，按期限长短不同划分，短期贷款（1年以内含1年）有48612万元，中长期贷款（1年以上）有23392万元。其中，短期贷款（1年以内含1年）占67.51%，中长期贷款（1年以上）占32.49%，短期贷款（1年以内含1年）占比远高于中长期贷款（1年以上）。

2019年云南省农村承包土地的经营权抵押贷款余额为43614万元，按期限长短不同划分，短期贷款（1年以内含1年）有32628万元，占74.81%；中长期贷款（1年以上）有10986万元，占25.19%，短期贷款（1年以内含1年）占比远高于中长期贷款（1年以上）。

2020年云南省农村承包土地的经营权抵押贷款余额为27138万元，按期限长短不同划分，短期贷款（1年以内含1年）有18039万元，占66.47%；中长期贷款（1年以上）有9099万元，占33.53%，短期贷款（1年以内含1年）占比远高于中长期贷款（1年以上）。

2021年云南省农村承包土地的经营权抵押贷款余额为17107万元，按期限长短不同划分，短期贷款（1年以内含1年）有14589万元，占85.28%；中长期贷款（1年以上）有2518万元，占14.72%，短期贷款（1年以内含1年）占比远高于中长期贷款（1年以上）。

从六年的情况来看，云南省农村承包土地经营权抵押贷款有以下特点。一是在农村承包土地经营权抵押贷款中，短期贷款（1年以内含1年）占比整体呈上升趋势。2016年短期贷款余额占30.84%，2017年占54.78%，2018年占67.51%，2019年占74.81%，2020年占66.47%，2021年占85.28%。二是在农村土地经营权抵押贷款中，中长期贷款（1年以上）余额及其占比整体呈下降趋势，2016年占比为69.16%，2017年占比为45.22%，2018年占比为32.49%，2019年占比为25.19%，2020年占比为33.53%，2021年占比为14.72%（见表3-2）。

表3-2 2016~2021年云南省农村承包土地经营权抵押贷款数量与结构（按期限划分）

年份	贷款余额（万元）	短期贷款（1年以内含1年）（万元）	占比（%）	中长期贷款（1年以上）（万元）	占比（%）
2016	49442	15248	30.84	34194	69.16
2017	67784	37131	54.78	30653	45.22
2018	72004	48612	67.51	23392	32.49
2019	43614	32628	74.81	10986	25.19
2020	27138	18039	66.47	9099	33.53
2021	17107	14589	85.28	2518	14.72

资料来源：中国人民银行昆明中心支行。

（二）农村承包土地经营权抵押贷款数量与结构（按担保方式划分）：2016~2021年

据中国人民银行昆明中心支行的数据，2016年云南省农村承包土地经营权抵押贷款余额为49442万元，从担保方式来看，以农村承包土地经营权为单一抵押物的贷款有26110万元，占比为52.81%；组合其他担保方式的贷款有23332万元，占比为47.19%。

2017年云南省农村承包土地经营权抵押贷款余额为67784万元，从担保方式来看，以农村承包土地经营权为单一抵押物的贷款有45808万元，占比为67.58%；组合其他担保方式的贷款有21976万元，占比为32.42%。从中看出，以农村承包土地经营权为单一抵押物的贷款占比较高。

2018年云南省承包农村土地经营权抵押贷款余额为72004万元，从担保方式来看，以农村承包土地经营权为单一抵押物的贷款有51106万元，占比为70.98%；组合其他担保方式的贷款有20898万元，占比为29.02%。从中看出，以农村承包土地经营权为单一抵押物的贷款占比较高。

2019年云南省农村承包土地经营权抵押贷款余额为43614万元，从担保方式来看，以农村承包土地经营权为单一抵押物的贷款有30401万元，占比为69.70%；组合其他担保方式的贷款有13213万元，占比为30.30%。从中看出，以农村承包土地经营权为单一抵押物的贷款占比较高。

2020年云南省农村承包土地经营权抵押贷款余额为27138万元，从担保方式来看，以农村承包土地经营权为单一抵押物的贷款有14789万元，占比为54.50%；组合其他担保方式的贷款有12349万元，占比为45.50%。

2021年云南农村土地经营权抵押贷款余额为17107万元，从担保方式来看，以农村土地经营权为单一抵押物的贷款8234万元，占比为48.13%；组合其他担保方式的贷款有8873万元，占比为51.87%。从2021年的变化情况来看，以农村土地经营权为单一抵押物的贷款占比明显降低。

从以上数据来看，以农村承包土地经营权为单一抵押物贷款占比先升高后降低。2016年占比为52.81%，2017年占比为67.58%，2018年占比为70.98%，2019年占比为69.70%，2020年占比为54.50%，2021年占比为48.13%。这说明银行业金融机构认可农村承包土地经营权这一抵押物，但同时也看到，2016年、2017年及2018年三年，以农村承包土地经营权为单一抵押物贷款占比很高，甚至在2018年达到70.98%的高点。从2019年开始其占比出现降低，到2021年降到48.13%，而组合其他担保方式的贷款占比上升快，2021年上升到51.87%。需要进一步说明的是，对农村承包土地经营权作为抵押物，商业银行仍有所顾虑，风险问题依然是其考虑的重点（见表3-3）。

表 3-3　2016~2021 年云南省农村承包土地经营权抵押贷款数量与结构
（按担保方式划分）

年份	贷款余额（万元）	以农村承包土地经营权为单一抵押物的贷款（万元）	占比（%）	组合其他担保方式的贷款（万元）	占比（%）
2016	49442	26110	52.81	23332	47.19
2017	67784	45808	67.58	21976	32.42
2018	72004	51106	70.98	20898	29.02
2019	43614	30401	69.70	13213	30.30
2020	27138	14789	54.50	12349	45.50
2021	17107	8234	48.13	8873	51.87

资料来源：中国人民银行昆明中心支行。

（三）云南农村承包土地经营权抵押贷款数量与结构（按借款主体划分）：2016~2021 年

按借款主体，云南省农村承包土地经营权抵押贷款可分为个人贷款和单位贷款。据中国人民银行昆明中心支行的数据，2016 年，云南省农村承包土地经营权抵押贷款，个人贷款有 30455 万元，占 2016 年贷款余额 49442 万元的 61.60%；单位贷款有 18987 万元，占 2016 年贷款余额的 38.40%。从不同借款主体来看，个人贷款占比高，超过 60%，说明农户发展农业生产的意愿较强。

从 2017 年的情况看，2017 年云南省农村承包土地经营权抵押贷款个人贷款余额为 38538 万元，占 2017 年贷款余额 67784 万元的 56.85%；单位贷款余额为 29246 万元，占 2017 年贷款余额的 43.15%。

2018 年云南省农村承包土地经营权抵押贷款，个人贷款余额为 44616 万元，占 2018 年贷款余额 72004 万元的 61.96%；单位贷款余额为 27388 万元，占 2018 年贷款余额的 38.04%。

2019 年云南省农村土地经营权抵押贷款，个人贷款余额为 28782 万元，占 2019 年贷款余额 43614 万元的 65.99%；单位贷款余额为 14832 万元，占 2019 年贷款余额的 34.00%。

2020 年云南省农村土地经营权抵押贷款，个人贷款余额为 11621 万元，占 2020 年贷款余额 27138 万元的 42.82%；单位贷款余额为 15517 万元，占 2020 年贷款余额的 57.18%。

2021 年云南省农村土地经营权抵押贷款，个人贷款余额为 5162 万元，占 2021 年贷款余额 17107 万元的 30.17%；单位贷款余额为 11945 万元，占 2021 年贷款余额的 69.83%。

从六年的情况来看，个人贷款占比整体呈下降趋势，2016 年占 61.60%、2017 年占 56.85%、2018 年占 61.96%、2019 年占 65.99%、2020 年占 42.82%、2021 年占 30.17%，而单位贷款占比则相反，整体呈上升趋势（见表 3-4）。

表 3-4 2016~2021 年云南省承包土地经营权抵押贷款数量与结构（按借款主体划分）

年份	贷款余额（万元）	个人贷款（万元）	占比（%）	单位贷款（万元）	占比（%）
2016	49442	30455	61.60	18987	38.40
2017	67784	38538	56.85	29246	43.15
2018	72004	44616	61.96	27388	38.04
2019	43614	28782	65.99	14832	34.00
2020	27138	11621	42.82	15517	57.18
2021	17107	5162	30.17	11945	69.83

资料来源：中国人民银行昆明中心支行。

（四）农村土地承包经营权抵押贷款数量与结构（按个人贷款划分）：2016~2021 年

据中国人民银行昆明中心支行的数据，2016 年用云南省农村承包土地的经权抵押的个人贷款余额有 30455 万元，其中个人经营性贷款有 25541 万元，占比为 83.86%；个人消费贷款有 4914 万元，占比为 16.13%。个人经营性贷款占比较高。

2017 年云南省农村承包土地的经营权抵押贷款，个人贷款有 38538 万元，其中个人经营性贷款有 34421 万元，占比为 89.32%；个人消费贷款有 4117 万元，占比为 10.68%。

2018 年云南省农村承包土地经营权抵押的个人贷款有 44616 万元，其中个人经营性贷款有 40437 万元，占比为 90.63%；个人消费贷款为 4179

万元，占比为 9.37%。

2019 年用云南省农村承包土地经营权抵押的个人贷款有 28782 万元，其中个人经营性贷款有 22839 万元，占比为 79.35%；个人消费贷款有 5943 万元，占比为 20.65%。

2020 年用云南省农村承包土地经营权抵押的个人贷款有 11621 万元，其中个人经营性贷款有 10647 万元，占比为 91.62%；个人消费贷款有 974 万元，占比为 8.38%。

2021 年用云南省农村承包土地经营权抵押的个人贷款有 5162 万元，其中个人经营性贷款有 5009 万元，占比为 97.04%；个人消费贷款有 153 万元，占比为 2.96%。

从 2016~2021 年六年间个人贷款的变化情况可以看出，个人经营性贷款占比高且整体呈上升趋势，个人消费贷款占比低且整体呈下降趋势（见表 3-5）。

表 3-5　2016~2021 年云南省承包土地经营权抵押贷款数量与结构（按个人贷款划分）

年份	贷款余额（万元）	个人经营性贷款（万元）	占比（%）	个人消费贷款（万元）	占比（%）
2016	30455	25541	83.86	4914	16.14
2017	38538	34421	89.32	4117	10.68
2018	44616	40437	90.63	4179	9.37
2019	28782	22839	79.35	5943	20.65
2020	11621	10647	91.62	974	8.38
2021	5162	5009	97.04	153	2.96

资料来源：中国人民银行昆明中心支行。

（五）农村承包土地经营权抵押贷款数量与结构（按单位贷款划分）：2016~2021 年

单位贷款分为家庭农场贷款、农业产业化龙头企业贷款、农民专业合作社贷款及其他贷款。根据中国人民银行昆明中心支行的数据，2016 年云南省农村承包土地经营权抵押贷款中的单位贷款有 18987 万元，其中家庭农场贷款有500万元，占比为2.63%；农业产业化龙头企业贷款有2335万元，占比为12.30%；农民专业合作社贷款有4474万元，占比为23.56%；其他贷款有11678万元，占比为61.51%。

2017年云南省农村承包土地经营权抵押单位贷款有29246万元，其中没有家庭农场贷款；农业产业化龙头企业贷款有4971万元，占比为17.00%；农民专业合作社贷款有4117万元，占比为14.08%；其他贷款有20158万元，占比为68.92%。

2018年云南省农村承包土地经营权抵押贷款中单位贷款有27388万元，其中没有家庭农场贷款；农业产业化龙头企业贷款有2478万元，占比为9.05%；农民专业合作社贷款有4112万元，占比为15.01%；其他贷款有20798万元，占比为75.94%。

2019年云南省农村承包土地经营权抵押贷款中单位贷款有14832万元，其中没有家庭农场贷款；农业产业化龙头企业贷款有4314万元，占比为29.09%；农民专业合作社贷款有1550万元，占比为10.45%；其他贷款有8968万元，占比为60.46%。

2020年云南省农村承包土地经营权抵押贷款中单位贷款有15516万元，其中家庭农场贷款有80万元，占比为0.52%；农业产业化龙头企业贷款有4887万元，占比为31.50%；农民专业合作社贷款有4000万元，占比为25.78%；其他贷款有6549万元，占比为42.21%。

2021年云南省农村承包土地经营权抵押贷款中单位贷款有11945万元，其中家庭农场贷款有6万元，占比为0.05%；农业产业化龙头企业贷款有4291万元，占比为35.92%；农民专业合作社贷款有1691万元，占比为14.16%；其他贷款有5957万元，占比为49.87%。

从六年的情况来看，可以得出以下结论。一是单位贷款的数量整体而言有所减少。2016年单位贷款余额为18987万元，2017年为29246万元，2018年为27388万元，2019年为14832万元。2017年与2016年相比增加10259万元，增幅达54.03%，2018年与2017年相比减少1858万元，减少6.35%。接下来的2019年、2020年及2021年三年中，除2020年单位贷款数量有所增加外，2020年及2021年与上年相比贷款数量均有所减少。二是在单位贷款中，家庭农场贷款偏少。2016年家庭农场贷款数量为500万元；2017年、2018年及 2019 年均为 0 元；2020 年的家庭农场贷款量为 80 万元；2021 年仅为 6 万元（见表 3-6）。

表 3-6 2016~2021 年云南省承包土地经营权抵押数量与结构（按单位贷款划分）

年份	单位贷款（万元）	家庭农场贷款（万元）	占比（%）	农业产业化龙头企业贷款（万元）	占比（%）	农民专业合作社贷款（万元）	占比（%）	其他贷款（万元）	占比（%）
2016	18987	500	2.63	2335	12.30	4474	23.56	11678	61.51
2017	29246	0	0	4971	17.00	4117	14.08	20158	68.92
2018	27388	0	0	2478	9.05	4112	15.01	20798	75.94
2019	14832	0	0	4314	29.09	1550	10.45	8968	60.46
2020	15516	80	0.52	4887	31.50	4000	25.78	6549	42.21
2021	11945	6	0.05	4291	35.92	1691	14.16	5957	49.87

资料来源：中国人民银行昆明中心支行。

三 云南省农民住房财产权抵押贷款数量与结构（2016~2021 年）

（一）农民住房财产权抵押贷款数量与结构（按贷款期限划分）：2016~2021 年

按期限划分，贷款可分为短期贷款（1 年以内含 1 年）和中长期贷款（1 年以上）。据中国人民银行昆明中心支行的数据，2016 年，农民住房财产权抵押贷款余额为 504828 万元，其中短期贷款（1 年以内含 1 年）有 284698 万元，占比为 56.40%；中长期贷款（1 年以上）有 220130 万元，占比为 43.61%。从期限上来看，短期贷款（1 年以内含 1 年）占比较大。

2017 年农民住房财产权抵押贷款余额为 380067 万元，其中短期贷款（1 年以内含 1 年）有 247758 万元，占比为 65.19%；中长期贷款（1 年以上）有 132309 万元，占比为 34.81%。

2018 年农民住房财产权抵押贷款余额为 294897 万元，其中短期贷款（1 年以内含 1 年）有 204657 万元，占比为 69.40%；中长期贷款（1 年以上）有 90240 万元，占比为 30.60%。

2019 年农民住房财产权抵押贷款余额为 256890 万元，其中短期贷款

（1年以内含1年）有188737万元，占比为73.47%；中长期贷款（1年以上）有68153万元，占比为26.53%。

2020年，云南省农民住房财产权抵押贷款余额为228491万元，其中短期贷款（1年以内含1年）有182334万元，占比为79.80%；中长期贷款（1年以上）有46157万元，占比为20.20%。

2021年，云南省农民住房财产权抵押贷款余额为190375万元，其中短期贷款（1年以内含1年）有154079万元，占比为80.93%；中长期贷款（1年以上）有36296万元，占比为19.07%。

从六年的情况可以看出，短期贷款（1年以内含1年）占比高且呈上升趋势。2016年占比为56.40%，2017年占比为65.19%，2018年占比为69.40%，2019年占比为73.47%，2020年占比为79.80%，2021年占比为80.93%。随着短期贷款（1年以内含1年）占比的提高，中长期贷款（1年以上）的占比呈现逐年下降态势（见表3-7）。

表 3-7　2016~2021年云南省农民住房财产权抵押贷款数量与结构（按贷款期限划分）

年份	贷款余额（万元）	短期贷款（1年以内含1年）（万元）	占比（%）	中长期贷款（1年以上）（万元）	占比（%）
2016	504828	284698	56.40	220130	43.61
2017	380067	247758	65.19	132309	34.81
2018	294897	204657	69.40	90240	30.60
2019	256890	188737	73.47	68153	26.53
2020	228491	182334	79.80	46157	20.20
2021	190375	154079	80.93	36296	19.07

资料来源：中国人民银行昆明中心支行。

（二）农民住房财产权抵押贷款数量与结构（按担保方式划分）：2016~2021年

农民住房财产权抵押贷款的担保方式主要包括以农民住房财产权为单一抵押物的贷款和组合其他担保方式的贷款。据中国人民银行昆明中心支行的数据，2016年云南省以农民住房财产权为单一抵押物的贷款有478816

万元，占比为94.85%；组合其他担保方式的贷款有26006万元，占比为5.15%。以农民住房财产权为单一抵押物的贷款占绝对比例。

2017年云南省农民住房财产权抵押贷款余额为380067万元，其中以农民住房财产权为单一抵押物的贷款有345743万元，占比为90.97%；组合其他担保方式的贷款有34324万元，占比为9.03%。以农民住房财产权为单一抵押物的贷款占绝对优势。

2018年云南省农民住房财产权抵押贷款余额为294897万元，其中以农民住房财产权为单一抵押物的贷款有265149万元，占比为89.91%；组合其他担保方式的贷款有29748万元，占比为10.09%。

2019年云南省农民住房财产权抵押贷款余额为256890万元，其中以农民住房财产权为单一抵押物的贷款有236001万元，占比为91.87%；组合其他担保方式的贷款有20889万元，占比为8.14%。

2020年云南省农民住房财产权抵押贷款余额为228491万元，其中以农民住房财产权为单一抵押物的贷款有212750万元，占比为93.11%；组合其他担保方式的贷款有15741万元，占比为6.89%。

2021年云南省农民住房财产权抵押贷款余额为190375万元，其中以农民住房财产权为单一抵押物的贷款有176810万元，占比为92.87%；组合其他担保方式的贷款有13565万元，占比为7.13%。

从六年的情况来看，以农民住房财产权为单一抵押物的贷款占比高，大多在90%以上，其中，2016年为94.85%，2017年为90.97%，2018年为89.91%，2019年为91.87%，2020年为93.11%，2021年为92.87%，这说明农民住房财产权是银行认可的抵押物（见表3-8）。

表3-8　2016~2021年云南省农民住房财产权抵押贷款数量与结构（按担保方式划分）

年份	贷款余额（万元）	以农民住房财产权为单一抵押物的贷款（万元）	占比（%）	组合其他担保方式的贷款（万元）	占比（%）
2016	504828	478816	94.85	26006	5.15
2017	380067	345743	90.97	34324	9.03
2018	294897	265149	89.91	29748	10.09

续表

年份	贷款余额（万元）	以农民住房财产权为单一抵押物的贷款（万元）	占比（%）	组合其他担保方式的贷款（万元）	占比（%）
2019	256890	236001	91.87	20889	8.14
2020	228491	212750	93.11	15741	6.89
2021	190375	176810	92.87	13565	7.13

资料来源：中国人民银行昆明中心支行。

（三）农民住房财产权抵押贷款数量与结构（按承贷主体和用途划分）：2016~2021年

农民住房财产权抵押所获取的贷款既可用于个人生产性经营，也可用于个人消费。这样，农民住房财产权抵押贷款根据不同承贷主体和用途，可分为个人经营性贷款和个人消费贷款。据中国人民银行昆明中心支行的统计数据，在2016年云南省农民住房财产权抵押贷款中，个人经营性贷款有396654万元，占比为78.57%；个人消费贷款有108174万元，占比为21.43%。

2017年云南省农民住房财产权抵押贷款余额为380067万元，按承贷主体和用途划分的个人经营性贷款有304891万元，占比为80.22%；个人消费贷款有75176万元，占比为19.78%。

2018年云南省农民住房财产权抵押贷款余额为294897万元，按承贷主体和用途划分的个人经营性贷款有220250万元，占比为74.69%；个人消费贷款有74647万元，占比为25.31%。

2019年云南省农民住房财产权抵押贷款余额为256890万元，按承贷主体和用途划分的个人经营性贷款有191497万元，占比为74.54%；个人消费贷款有65393万元，占比为25.46%。

2020年云南省农民住房财产权抵押贷款为228491万元，按承贷主体和用途划分的个人经营性贷款有155663万元，占比为68.13%；个人消费贷款有72828万元，占比为31.87%。

2021年云南省农民住房财产权抵押贷款为190375万元，按承贷主体和用途划分的个人经营性贷款有132350万元，占比为69.52%；个人消费贷款有58025万元，占比为30.48%。

从六年的情况可以看出，按承贷主体和用途划分的云南农民住房财产权抵押贷款，在个人贷款中，一是个人经营性贷款逐年减少。2016年个人经营性贷款余额为396654万元，2017年为304891万元，2018年为220250万元，2019年为191497万元，2020年为155663万元，2021年为132350万元。二是个人经营性贷款占比较高，大多在70%~80%，最低为68.13%（2020年），最高为80.22%（2017年）。三是个人消费贷款的占比趋增，2020年和2021年已超过30%（见表3-9）。

表3-9 2016~2021年云南省农民住房财产权抵押贷款数量与结构

（按承贷主体和用途划分）

年份	贷款余额（万元）	个人经营性贷款（万元）	占比（%）	个人消费贷款（万元）	占比（%）
2016	504828	396654	78.57	108174	21.43
2017	380067	304891	80.22	75176	19.78
2018	294897	220250	74.69	74647	25.31
2019	256890	191497	74.54	65393	25.46
2020	228491	155663	68.13	72828	31.87
2021	190375	132350	69.52	58025	30.48

资料来源：中国人民银行昆明中心支行。

（四）农民住房财产权抵押贷款数量与结构（按个人经营性贷款用途划分）：2016~2021年

根据统计指标，个人经营性贷款又分为农业专业大户贷款、家庭农场贷款及其他经营性贷款。从农业专业大户贷款情况来看，2016年为380万元，2017和2018年均为0万元，2019年为16万元，2020年为128878万元，2021年为9万元。可以看出农业专业大户的贷款数量极不稳定。从家庭农场贷款情况来看，除了2016年有384万元贷款外，2017年、2018年、2019年、2020年及2021年连续五年均为0万元（见表3-10）。

表 3-10　2016~2021 年云南省农民住房财产权抵押贷款数量与结构
（按个人经营性贷款用途划分）

年份	个人经营性贷款余额（万元）	农业专业大户贷款（万元）	占比（%）	家庭农场贷款（万元）	占比（%）	其他经营性贷款（万元）	占比（%）
2016	396654	380	0.10	384	0.10	395890	99.8
2017	304891	0	0	0	0	304891	100
2018	220250	0	0	0	0	220250	100
2019	191497	16	0.01	0	0	191481	99.99
2020	155663	128878	82.79	0	0	26785	17.21
2021	132350	9	0.01	0	0	132341	99.99

资料来源：中国人民银行昆明中心支行。

第四章

云南省农村"三权三证"抵押贷款供需意愿及影响因素：基于云南沿边三县问卷调研

为更好地了解云南省农村"三权三证"抵押贷款供需意愿、存在的问题及其影响因素等，课题组重点对云南沿边三个县（文山州的广南县、保山市的施甸县及德宏州的陇川县）的主要涉农金融机构与农户进行了实地问卷调研[①]。本章主要对问卷调查表内的相关问题进行分析。

第一节 云南沿边三县农村经济金融发展基本状况

一 云南沿边三县经济社会发展基本状况

施甸县位于云南省保山市，农村经济以蚕桑业、牛羊养殖业、蔬菜水果种植业为主。广南县位于云南省文山市，农村经济以畜牧业、林业、种植业为主。陇川县位于德宏州西南部，与缅甸接壤相邻，主要农村经济作

---

① 2016年8月1~20日，课题组组织云南财经大学金融学院本科生针对农村"三权三证"抵押贷款问题对云南省文山州的广南县、保山市的施甸县和德宏州的陇川县三个沿边县进行了走访和问卷调查。共发放涉农金融机构问卷调查表450份，农户问卷调查表450份，收回涉农金融机构有效问卷调查表450份，占实际发放问卷的100%，收回农户有效问卷调查表446份，占实际发放问卷的99%。

物有甘蔗、咖啡、油茶、烟草、核桃等，农业经济以种植业和畜牧业为主。2015年云南沿边三县经济社会发展基本情况如表4-1所示。

表4-1 2015年云南沿边三县经济社会发展基本情况

项目	施甸	广南	陇川
人口（人）	344057	811800	181580
其中：城镇人口	61721	77752	44796
农业人口	282336	734048	136784
少数民族人口	27200	490374	94189
乡镇（个）	13	18	12
行政村（个）	132	174	
国营农场（个）			1
GDP（亿元）	50.18	90.80	33.91
其中：农业GDP（亿元）	15.12	29.76	23.38
农民纯收入（元）	7807	7295	6506

资料来源：沿边三县中国人民银行各县支行。

二 云南沿边三县农村金融机构状况

云南沿边三县农村金融机构主要有银行业金融机构、保险公司及政策性银行。其中，广南县农村银行业金融机构较多，共有5家，陇川县只有3家，保险公司和政策性银行数量都相同（见表4-2）。

表4-2 2015年沿边三县农村金融服务机构

金融机构	施甸	广南	陇川
银行业金融机构	中国农业银行 中国建设银行 云南省农村信用社 富滇银行	中国农业银行 中国建设银行 云南省农村信用社 中国邮政储蓄银行 广南文山长江村镇银行	中国农业银行 云南省农村信用社 中国邮政储蓄银行

续表

金融机构	施甸	广南	陇川
保险公司	中国人寿 中国太平洋保险 中国大地保险	中国人寿 中国人民财产保险 中国平安保险	中国人寿 泰康人寿 中国人民财产保险
政策性银行	中国农业发展银行	中国农业发展银行	中国农业发展银行

资料来源：沿边三县中国人民银行各县支行。

2015年云南沿边三县金融服务网点覆盖率均为100%，金融服务网点基本上是固定网点，流动网点（站）很少，在信用档案覆盖率方面，广南县信用档案覆盖率最高（见表4-3）。

表4-3　2015年云南沿边三县金融服务基本情况

项目	施甸	广南	陇川
金融服务网点从业人数（人）	263	327	206
金融服务固定网点（个）	34	40	21
金融服务流动点（站）（个）	2	3	2
金融服务网点覆盖率（%）	100	100	100
信用档案覆盖率（%）	69.86	97.48	76.8

资料来源：沿边三县中国人民银行各县支行。

第二节　云南沿边三县"三权三证"抵押贷款农户需求意愿及制约因素分析

一　云南农户"三权三证"抵押需求意愿

从调研的情况来看，农户有"三权三证"抵押贷款的意愿，而且意愿比较强。在446户中，选择用林权证抵押的有263户，占比为59%；选择农房抵押的有94户，占比为21%；选择用土地经营权抵押的有89户，占比为20%（见表4-4）。

表 4-4 农户"三权三证"抵押意愿

项目	样本数（户）	占比（%）
林权	446	263	59
农房		94	21
土地经营权		89	20

资料来源：课题组整理得出。

（一）农地面积与农户贷款意愿

云南沿边三县农户承包经营的土地面积少的有 3 亩以下，多的有 10 亩及以上，多数农户愿意用土地经营权抵押申请贷款（见表 4-5）。

表 4-5 农户经营土地的面积与抵押贷款需求意愿

农地面积	意愿	样本数（户）		占比（%）
3 亩以下	Y	160	120	75
	N		40	25
3~5 亩	Y	129	116	90
	N		13	10
5~8 亩	Y	53	21	39
	N		32	61
8~10 亩	Y	40	36	90
	N		4	10
10 亩及以上	Y	64	44	69
	N		20	31

注：Y 代表"有意愿"，N 代表"无意愿"，后同。
资料来源：课题组整理得出。

（二）农户承包的林地面积与需求意愿

农户用林权贷款的意愿也非常强烈，从表 4-6 中看出，"3~5 亩"、"10~20 亩"及"20~30 亩"三个面积段的农户融资需求更为强烈。

表 4-6　农户经营林地面积与抵押贷款需求

林地面积	意愿	样本数（户）	占比（%）
3 亩以下	Y	151	80	53
	N		71	47
3~5 亩	Y	98	88	90
	N		10	10
5~10 亩	Y	115	58	50
	N		57	50
10~20 亩	Y	35	31	88
	N		4	12
20~30 亩	Y	47	43	91
	N		4	9
30 亩及以上	Y	0	0	0
	N		0	0

资料来源：课题组整理得出。

（三）农户家庭人数与抵押贷款意愿

从问卷的情况来看，农户家庭人数对抵押贷款也有不同程度的影响。3 人以下、5~7 人、7 人及以上的家庭抵押贷款意愿比较强（见表 4-7）。

表 4-7　农户家庭人数与"三权三证"抵押贷款意愿

家庭人数	意愿	样本数（户）	占比（%）
3 人以下	Y	75	60	80
	N		15	20
3~5 人	Y	240	132	55
	N		108	45
5~7 人	Y	98	79	80
	N		19	20
7 人及以上	Y	33	30	90
	N		3	10

资料来源：课题组整理得出。

(四)农户家庭人均收入与需求意愿

除农户家庭人口数量影响抵押贷款的需求外,收入不同的农户家庭对抵押贷款也有不同需求。从问卷调查的情况来看,人均年收入在10000元以下的农户家庭贷款需求更为强烈(见表4-8)。

表4-8 农户家庭人均年收入对融资需求的影响

家庭人均收入	意愿	样本数(户)	占比(%)
3000元以下	Y	124	111	89
	N		13	11
3000~5000元	Y	133	120	90
	N		13	10
5000~7000元	Y	49	44	89
	N		5	11
7000~10000元	Y	53	47	89
	N		6	11
10000~15000元	Y	31	16	51
	N		15	49
15000~30000元	Y	26	17	65
	N		9	35
30000元及以上	Y	30	16	53
	N		14	47

资料来源:课题组整理得出。

(五)农户"三权三证"抵押贷款需求数量及用途

1. 贷款需求数量

农户的抵押贷款需求量是多层级的。欲贷款数额在10000元以下的有71户,占比16%;欲贷款数额在10000~30000元的有183户,占比41%;欲贷款数额在30000~50000元的有107户,占比24%;欲贷款数额在50000~100000元的有58户,占比13%;欲贷款数额在100000元及以上的有 27 户,占比 6%。从中可以看出,农户欲贷款的数额多在 50000 元以内,占比为 81%,超过 50000 元仅占 19%(见表 4-9)。

表 4-9 农户"三权三证"抵押贷款数额

贷款数额	样本数(户)	占比(%)
10000 元以下	446	71	16
10000~30000 元		183	41
30000~50000 元		107	24
50000~100000 元		58	13
10 万元及以上		27	6

资料来源:课题组整理得出。

2. 贷款用途

从具体用途来看,农户贷款的用途呈多样性,有用于生产、消费及建盖住房,还有用于子女教育及住院医疗。从表 4-10 中的数据来看,农户欲将贷款用于生产的比较多,占 40%,其次为建盖住房(25%)及消费(15%)。

表 4-10 农户"三权三证"抵押贷款用途(多选)

生产性用途	样本数(户)	占比(%)
生产	365	40
消费	134	15
建盖住房	222	25
子女教育	74	8
住院医疗	41	5
其他	65	7

资料来源:课题组整理得出。

生产性贷款主要用于种植业、养殖业及个体经商等方面。所贷资金用于种植业投资的相对比较多,占 29%;其次为个体经商,占 26%;再次是养殖业,占 23%(见表 4-11)。从生产结构来看,云南沿边三县农村的生产结构依然是传统的农业生产结构。

表 4-11　农户"三权三证"抵押贷款生产性用途（多选）

生产性用途	样本数（户）	占比（%）
种植业	357	29
养殖业	283	23
个体经商	315	26
农村工业	103	9
其他	159	13

资料来源：课题组整理得出。

二　云南农户"三权三证"抵押贷款农户需求制约因素分析

（一）确权颁证问题

确权颁证是"三权三证"抵押贷款的基础。"三权"是否确权登记及颁证，直接影响农户能否用其贷款。从调研的情况来看，云南沿边三县确权工作多数地区已进行，但也存在一部分地区尚未开展此项工作的情况。从表4-12中看出，农地、林地及宅基地确权颁证的比例分别为67%、61%及62%，从中看出，仍有30%多的农户家庭没有确权颁证。没有确权颁证，就不能用其抵押贷款。

表 4-12　云南沿边三县"三权"确权颁证情况

确权颁证情况		样本数（户）	占比（%）
农地确权颁证	已颁	298	67
	未颁	148	33
林地确权颁证	已颁	272	61
	未颁	174	39
宅基地确权颁证	已颁	276	62
	未颁	170	38

（样本数合计：446）

资料来源：课题组整理得出。

没有确权颁证的原因，归纳起来主要有：第一，"三权三证"抵押贷款非试点地区尚未开展确权工作；第二，确权颁证工作涉及面广、工作量大，短期内完成的难度大；第三，开展确权颁证所需的工作经费多，难以筹措，影响了颁证工作的正常进行。从云南文山州的情况来看，根据地形与测绘难度的不同，每亩的综合服务费从17元到30元不等，经初步测算，文山州完成土地承包经营权确权共需资金20822.09万元。农村房屋所有权与宅基地使用权确权的经费预算分别为7904万元、8978万元，但资金缺口分别高达7162万元、7011万元，且上述成本的匡算尚未包括村干部等工作人员的误工补助。确权颁证工作经费以地方财政为主、中央补助为辅，各级政府的经费分担比例尚未明确。目前确权经费完全由县级政府承担。落后地区的县级政府财力紧张，无力负担，而上级补助资金又不到位。

（二）农村金融服务的便利性问题

在云南沿边三县，乡镇的金融机构基本上是云南省农村信用社，村子里服务网点比较少，有些地方甚至没有。调查显示，71%的乡镇有1家金融机构的网点，13%的乡镇有2家金融机构的网点。到了农村，没有服务网点或是服务站的很多，有42%的村子没有或是没有固定的金融服务站或网点（见表4-13）。

表4-13 乡镇及村金融服务站及网点

变量名	数量	占比（%）
乡镇金融网点数量	0家	16
	1家	71
	2家	13
	3家及以上	0
村金融服务站或网点	有	58
	无	42

资料来源：课题组整理得出。

(三) 农户问题

云南沿边三县农户存在地少、户小、收入少的问题，间接影响了农户的贷款能力。

1. 农户承包的土地及林地面积比较少

调查样本中，农户经营的农地面积 3 亩以下的农户有 160 户，占比 35.87%；3~5 亩的农户有 129 户，占比 28.92%；5~8 亩的农户有 53 户，占比 11.88%；8~10 亩的农户有 40 户，占比 8.97%；10 亩及以上的农户有 64 户，占比 14.35%。林地面积在 3 亩以下的农户有 151 户，占比 33.86%；3~5 亩的农户有 98 户，占比 21.97%；5~10 亩的农户有 115 户，占比为 25.78%；10~20 亩的农户有 35 户，占比为 7.85%；20~30 亩的农户有 47 户，占比为 10.54%。农户拥有的土地及林地面积小，银行评估抵押率比较低，用土地经营权及林权所能得到的贷款数额非常有限。

2. 农户家庭收入比较低

调查样本中，农户家庭人均年收入 3000 元以下的有 124 户，占比 27.8%；3000~5000 元的农户有 133 户，占比 29.82%；5000~7000 元的农户有 49 户，占比 10.99%；7000~10000 元的农户有 53 户，占比 11.88%；10000~15000 元的农户有 31 户，占比为 6.95%；15000~30000 元的农户有 26 户，占比为 5.83%；30000 元及以上的农户有 30 户，占比 6.73%。这些数据说明 80% 以上的农户家庭人均年收入处于 10000 元以下。收入少意味着还款能力有限，必然影响其贷款。

3. 农村"小户家"比较多

调查样本中，3 人以下家庭有 75 户，占比 16.82%；3~5 人家庭有 240 户，占比 53.81%；5~7 人家庭有 98 户，占比 21.97%；7 人及以上家庭有 33 户，占比 7.40%。从每个家庭人口的数量来看，5 人以下的家庭占比较高，达 70% 多。整体来看，云南沿边三县"小户家庭"比较多，劳动力数量有限，且相当一部分有劳动能力的人选择了外出打工。未外出打工的农户很大一部分是老人和小孩，他们对通过贷款发展生产心有余而力不足。

第三节　云南沿边三县"三权三证"抵押贷款银行业金融机构放贷意愿及影响因素分析

一　银行开展"三权三证"抵押融资的意愿

(一) 银行开展"三权三证"抵押贷款情况

云南探索"三权三证"抵押业务比较早且普遍，在2015年全国"两权"抵押贷款启动前，"三权三证"抵押贷款已基本覆盖全省的129个县。从沿边三县的情况来看，所在地一些银行业金融机构已开展"三权三证"抵押贷款业务。为了更好地了解银行对开展"三权三证"抵押贷款的情况，课题组在对农户调研的基础上，又对所在地银行及信用社工作人员进行了问卷调研。如表4-14、表4-15所示，在450人中有374选择银行业金融机构已开展"三权三证"抵押贷款业务，占比为83%；有76人选择了未开展此项业务，占比为17%。选择"愿意"开展此项业务的银行工作人员有220人，占比为49%；选择"不愿意""一般"及"不好说"的占51%。从中看出，所调研的银行业工作人员对开展此业务比较谨慎，相当一部分人持观望态度。

表4-14　云南沿边三县银行业金融机构开展"三权三证"抵押贷款情况

项目		样本数（人）	占比（%）
开展"三权三证"抵押贷款情况	已开展	374	83
	未开展	76	17
"三权三证"抵押贷款开展快慢情况	很快	50	11
	较快	45	10
	一般	252	56
	较慢	103	23

（表中"样本数（人）"合计栏为450）

资料来源：课题组整理得出。

表 4-15　云南沿边三县银行业金融机构开展"三权三证"抵押贷款的意愿

意愿	样本数（人）		占比（％）
愿意		220	49
不愿意	450	45	10
一般		122	27
不好说		63	14

资料来源：课题组整理得出。

（二）银行"三权三证"抵押贷款种类意愿

从"三权三证"抵押贷款种类的情况来看，云南沿边三县银行业金融机构从业人员选林权抵押贷款的最多，在450人中有306人选择林权抵押贷款，占68％；其次为土地经营权抵押贷款，有90人选择土地经营权抵押贷款，占20％；最少的是住房财产权抵押贷款，只有54人选择，占12％（见表4-16）。这一点与农户的选择有所不同，农户选择愿意用林权抵押的占59％，用土地经营权抵押的占20％，而选择用住房财产权抵押的占21％。二者相比较，银行业工作人员更多考虑安全性问题包括金融机构的安全及农户的安全，选择愿意用林权抵押的最多，而选择用住房财产权抵押的最少。总之，银行业金融机构从业人员对开展"三权三证"抵押贷款考虑的安全性问题更多，更为谨慎。

表 4-16　云南沿边三县银行业金融机构开展"三权三证"抵押贷款结构

项目	样本数（人）	占比（％）	
林权抵押贷款		306	68
土地经营权抵押贷款	450	90	20
住房财产权抵押贷款		54	12

资料来源：课题组整理得出。

（三）银行"三权三证"抵押贷款额度意愿

从银行业金融机构从业人员选择的能够发放的"三权三证"抵押贷款数额来看，在450人中有103人选择贷款数额在3万元以下，占比23％；

第四章　云南省农村"三权三证"抵押贷款供需意愿及影响因素：基于云南沿边三县问卷调研

有 54 人选择贷款数额在 3 万~5 万元，占比 12%；有 81 人选择贷款数额在 5 万~10 万元，占比 18%；有 104 人选择贷款数额在 10 万~20 万元，占比 23%；有 63 人选择贷款数额在 20 万~30 万元，占比 14%；有 45 人选择贷款数额在 30 万元及以上，占比 10%（见表 4-17）。

表 4-17　"三权三证"抵押贷款数额

贷款数额	样本数（人）	占比（%）
3 万元以下	103	23
3 万~5 万元	54	12
5 万~10 万元	450	18
10 万~20 万元	104	23
20 万~30 万元	63	14
30 万元及以上	45	10

资料来源：课题组整理得出。

二　影响银行业贷款机构发放贷款的因素

农村"三权三证"抵押贷款作为一项新的金融制度与业务创新，在相关法律、政策配套及农村产权市场尚未真正建立的情况下，银行业金融机构开展此项业务比较谨慎，甚至持观望态度。

（一）贷款违约

贷款风险一直是银行业金融机构最为关注的问题。贷款风险最终会以违约的形式呈现出来。银行业金融机构从业人员对"三权三证"抵押贷款的风险比较担忧。在此次调研的 450 人中，有 243 人选择了会违约，占比 54%；有 207 人选择了不会违约，占比 46%。从"三权三证"抵押贷款违约率情况来看，450 人中，有 63 人选择会有较高的违约率，占比为 14%。当然，有 175 人认为违约率会较低，占比为 39%；也有 59 人认为违约率会在可控范围内，占比为 13%。可见，银行业金融机构从业人员对"三权三证"抵押贷款风险控制比较有信心。

（二）确权中存在的问题

"三权"的确权是抵押贷款开展的最基础工作。但在确权中存在的纠纷及风险隐患直接影响银行业金融机构"三权三证"抵押贷款业务的开展。比如在承包地确权过程中，土地承包经营权的共有人问题，文山州各地的实践中出现了"份额共有人""份额共有人+户籍共有人""二轮延包时的人口"等。还有原有土地承包经营权证书只有四至界限，加上插花地等原因，一地多证现象较为普遍，林权证、草地证、退耕还林证与原承包合同证书重复交叉较多。银行贷款，抵押物的产权必须明晰，然而在土地确权中存在的诸多问题，影响了贷款工作的推进。

（三）农户信用问题

在对云南三县银行业金融机构的调研中，填表人员中有 31.85% 的人选择了农户"信用不好"一项。信用是贷款的基础。"信用不好"的印象及认知成为影响银行向农户发放贷款的重要因素。

（四）缺乏较好的项目

银行重视贷款的第一还款来源，而这与贷款的项目有直接的关系。一般来说，有好的项目不难贷到款，农户难贷款往往与缺乏好的项目有密切的关系。在问卷调查中，有一部分银行业金融机构从业人员选择了农户贷款难的原因是缺乏较好的项目。可见，缺乏较好的项目也是影响银行向农户贷款的重要因素之一。

（五）抵押物处置难

抵押物处置必须有市场。从调研情况来看，在沿边三县有些地方有处置中心，而有些地方尚没有建立处置中心。银行发放"三权三证"抵押贷款，首先考虑的是抵押物的处置问题。即便在有农村产权流转市场，银行也不一定能对抵押物处置得了，在没有产权流转市场的地方就更困难了。"三权三证"抵押物具有特殊性，一是"三权"没有所有权。银行贷款抵押物一般有所有权，产权是谁的必须明晰，拥有所有权的抵押物处置时常用拍卖等方式，然而对土地经营权及宅基地使用权却很难用拍卖等常用的方式。从试点的情况来看，抵押物处置时，银行往往自己找下家来接手，这样一方面成本高、找人的难度大；另一方面为了尽快处理问题，银行往往需以比较低的价格处理，这样又给银行带来更多的损失。二是"三权三证"流动性弱。土地经营权及农民住房财产权的流动范围及接受人受法律及制度规定的约束，使"三权三证"的转换及变现能力比较弱。总之，"三权"抵押物处置问题成了影响银行业金融机构开展此项业务的重要因素。

（六）政府支持力度不够

"三权三证"抵押贷款是在政府的推动下开展试点的，如果没有政府的支持很难做起来。从沿边三县调研的情况来看，金融机构人员认为政府及相关部门支持的力度不够。在填表的450人中有243人选择了"支持"，占比为54%；有153人选择了支持力度"一般"，占比为34%；有54人选择了"没有支持"，占比为12%。"一般"与"没有支持"这两项加起来有46%，从中可以看出，银行业金融机构开展此项业务有后顾之忧。

第四节 小结

通过对云南沿边三县"三权三证"抵押贷款供需意愿及其影响因素的分析，我们可以得出以下主要结论。

第一，农户有"三权三证"抵押贷款的需求及愿望，而且需求意愿较强。其中愿意用林权抵押的比较多，其次为用农房抵押，再次为用土地经营权抵押。影响农户抵押贷款的因素主要有农村"三权"尚未确权颁证、金融服务便利性不够以及农户自身经济实力较弱等。

第二，银行业金融机构有开展"三权三证"抵押贷款的意愿，并且多家银行已开始开展此项工作，但实际工作中开办此项业务非常谨慎。原因是银行业金融机构有考核有指标，必须完成任务，而"三权三证"抵押贷款不确定性因素较多，有风险隐患，加之"三权三证"抵押物有瑕疵，处置时很难用常规的拍卖等方式，处置成本高，可能引发社会稳定问题，利率又不能覆盖风险，所以持观望态度的银行业金融机构较多，行动谨慎。

　　第三，对存在问题的进一步思考。一是相关法律缺失。相关法律是银行贷款的依据，目前只有在"两权"（土地经营权和宅基地使用权）试点地区全国人大授权国务院允许"两权"抵押融资，而非试点地区开展此项业务非常谨慎。土地经营权以及林地经营权、宅基地使用权都亟须在立法层面得到确认。二是"三权三证"抵押贷款相关工作不配套。如确权颁证工作在一些地方尚未开展，一些地方还存确权纠纷，"三权"价值评估平台尚未建立等。三是"三权三证"抵押物处置难。当前抵押物处置难是困扰银行深入开展"三权三证"抵押贷款工作的难题，一些地方农村产权交易市场和要素市场等还没有真正建立起来，但即使建立起来，运作过程中也可能会出现不规范现象。四是地方政府支持力度不够，政府风险补偿机制在一些地方尚未设立。五是农村金融生态环境较差。以上问题及制约因素影响了农村"三权三证"抵押贷款的深入开展。

第五章

云南省农村"三权三证"抵押贷款风险分析

农村"三权三证"抵押物的特殊性及弱流动性,导致其作为抵押物先天不足,存在较大的风险隐患。本章围绕风险问题,重点分析基于不同主体的农村"三权三证"抵押贷款风险、农村"三权三证"抵押贷款风险评价、云南省农村"三权三证"不良贷款分析以及两个典型案例,为贷款风险防控机制建立及对策建议提供依据。

第一节 基于不同主体的农村"三权三证"抵押贷款风险

农村"三权三证"抵押贷款风险主要包括信用风险、市场风险、自然风险及操作风险等。下面拟从农户、银行业金融机构和融资担保机构三个市场主体风险的角度进行分析。

一 农户权益风险

(一)估值风险

以农村承包土地经营权估值为例。用农村承包土地经营权抵押必须对抵押物进行估值,这主要是为金融机构确定贷款额度提供参考依据。目前，云南省农村土地价值评估体系建设滞后，一方面缺乏专业且权威的土地价值评估机构、科学的评估标准和评估指标，评估程序也不规范；另一方面也缺乏专业的评估人员，现有评估人员往往只是以土地租金和地上附着物的价值或凭个人经验来确定抵押物的价值。银行类金融机构不具备专业的评估技术且操作成本很高，土地价值比较难准确衡量。

（二）"失地"风险

这里所说的"失地"并非真正意义上的失去土地。土地"三权分置"将土地权利分为三种，即土地所有权、土地承包权和土地经营权。其中土地所有权归集体，土地承包权归承包农户家庭，土地经营权归承包农户家庭（土地尚未流转出去）或归经营者（土地已流转出去）。承包农户可以自己使用土地经营权，也可以将其转让出去。对农户而言，怕"失地"有两种情况：一是自己用土地经营权抵押贷款，担心收不回来；二是土地流转出去后由经营人用土地经营权抵押贷款，也怕地收不回来。

（三）"失房"风险

农民以住房财产所有权抵押贷款，最大的担心与风险是一旦贷款出问题有可能会失去住房。这种担心很正常，毕竟"居者有其屋"是人们的正常需求。借款人必须明白，房屋抵押有风险，借款须谨慎。但通过前述分析可以看到，要真正处置拍卖农民住房与宅基地不是那么简单容易的事情，需要考虑的因素很多。

（四）林农权益受损风险

在云南一些地方，有的村一次性流转上万亩林地，时间长达50年，每亩每年30元，时间很长，价格极低，林权证失去便很难再拿回来，造成林农损失严重。一些林农在林权流转协议中盲目签字，后来觉得价格偏低、年限过长，但在既成事实面前，无法拿回林权证。没有了林权证，也就没有了林地承包权和林地的经营权，林农的利益也就没有了保障。

二 银行业金融机构贷款风险

(一) 信息不对称风险

贷款是借贷双方信息博弈的结果。在信贷过程中,借款人常常是借贷信息的优势方,而贷款人则常常为信息的劣势方。借贷双方信息不对称,会带来两个问题:一是逆向选择,也即借款人会隐瞒相关信息想方设法得到贷款;二是道德风险,也即借款人申请贷款时所述用途不真实,可能并不会按承诺的用途使用资金,这会直接影响后期的正常还贷。以农村宅基地为例,农村宅基地使用权纠纷问题比较多,据云南禄丰市法院的资料,该法院 2009 年受理相关案件 1 件,占当年该法院受理民事案件数量的 0.07%;2010 年受理 3 件,占当年该法院受理民事案件数量的 0.29%;2011 年受理 4 件,占当年该法院受理民事案件数量的 0.23%;2012 年受理 4 件,占当年该法院受理民事案件数量的 0.25%;2013 年受理 5 件,占当年该法院受理民事案件数量的 0.32%。

(二) 信用风险

借款人信用风险表现在两个方面。一是借款人被动违约。农业生产周期长,收益存在不确定性。如干旱、洪涝灾害及病虫害等导致的歉收或损失必然影响借款人的还款能力。二是借款人主动违约。由于在借贷过程中信息不对称问题的广泛存在,道德风险时时存在,借款人可能不按承诺的用途使用资金,直接影响贷款的按期归还。

(三) 抵押物处置风险

抵押物流动性的强弱取决于其变现能力,变现能力强则其流动性强,变现能力弱则其流动性弱。变现能力的强弱又取决于处置能力,处置能力强则易变现,处置能力弱则不易变现。"三权三证"抵押物不易处置与其自身的弱流动性有直接关系。同时,相关法律(如《房屋登记办法》及《森林法》)等对农房处置及森林资源处置的限制性规定,也是影响农村"三权三证"抵押处置难的重要因素。

(四) 其他风险

其他风险包括操作风险及自然灾害风险等。农村"三权三证"抵押贷款尚处于试点探索阶段，属于银行业金融机构的新业务，缺乏操作性强的实施细则。比如云南西双版纳农垦改制的历史遗留问题给林权抵押贷款工作造成一定影响，2015年底，中国农业银行西双版纳分行先后承接14家农场或企业以林权作为抵押物的贷款，贷款余额有34598万元，占其全部贷款的4.91%，但最后全部形成不良贷款，欠利息9521万元。林权抵押不良贷款在一定程度上制约了银行业金融机构对林权抵押贷款工作的进一步推进。

三 融资担保机构代偿风险

担保代偿是融资担保公司的一项业务，是指若被担保人未按合同约定履行义务，由担保人代其履行义务的行为。代偿风险是指因债务人无力偿还贷款，担保机构代替借款人归还银行贷款，最终代偿贷款无法收回而造成的损失。融资担保公司为借款人提供担保，借款人失信也会给担保机构带来风险隐患。近年来，我国担保机构担保代偿率呈上升态势。2011年担保行业代偿率为0.5%，2015年上升到2.17%，2017年则上升到了2.78%。担保机构担保代偿负担重，给担保行业带来了很大风险，影响了担保机构开展担保及担保代偿服务的积极性。调研中我们发现，一方面担保机构的担保代偿率比较高，另一方面担保代偿回收率又比较低，这"一高一低"带给担保机构很大的负担。

第二节 农村"三权三证"抵押贷款风险评价

总体来看，农村"三权三证"抵押贷款的政策环境和市场条件日益成熟，但风险问题仍然是影响其全面深入推进的关键因素。农村"三权三证"抵押贷款面临的各种风险中，哪些风险对"三权三证"抵押贷款的影响较大？下面我们运用层次分析法对这些风险进行评价并进行排序。

一 分析方法及数据来源

(一) 分析方法

层次分析法（Analytic Hierarchy Process，AHP），是美国运筹学家萨蒂于 20 世纪 70 年代初提出的一种定性与定量相结合的多准则决策分析方法。它是将决策问题按总目标、各层子目标、评价准则直至具体方案的顺序分解为不同的层次结构，然后用求解判断矩阵特征向量的办法，求得每一层次的各要素对上一层次某要素的优先权重，最后再采用加权和的方法归总各备选方案对总目标的最终权重，最终权重最大者即为最优方案。

1. 建立层次结构模型

建立层次结构模型是层次分析的第一步。层次结构模型分为三层，最高层为决策者目标，只有一个要素；中间层为用于衡量达到目标的指标；最底层是用于解决问题的备选方案。

2. 构造判断矩阵

建立层次结构模型后，对每层的要素进行两两比较，进而构造判断矩阵。判断矩阵采用 1~9 标度方法，当两种要素同等重要时，赋值 1；随着一种要素相对另一种要素的重要性不断增加，赋值从 1 增加到 9；随着一种要素相对另一种要素的重要性不断减少，赋值从 1 减少到 1/9（见表 5-1）。

表 5-1 层次分析法两种要素的比较

一种要素与另一种要素相比	赋值
同等重要	1
稍微重要	3
比较重要	5
重要	7
极端重要	9
两要素间的相邻值	2、4、6、8

3. 一致性检验

在进行一致性检验时，一般应用 $CI=(\lambda-n)/(n-1)$，CI 值越大，说明判断矩阵偏离完全一致性的程度越大，反之，则表明判断矩阵一致性较好。

4. 排序

排序分为层次单排序和总层次排序。层次单排序是指计算出某一层次中某一元素相对上一层次中某一元素的相对重要性，总层次排序是指计算出最底层因素相对最高层的相对重要性。根据判断矩阵，计算出层次单排序和总层次排序，并进行一致性检验，得到最终的结果。

（二）数据来源

2016年8月，课题组成员赴云南保山、德宏调研"三权三证"抵押贷款试点情况。在德宏调研时，走访了德宏银监分局、中国人民银行德宏州中心支行、德宏州金融办及德宏州农信社。在保山，走访了保山银监分局、中国人民银行保山市中心支行、保山市金融办及保山市农信社相关人员。风险评价中所用的数据均来源于此次调研。

保山和德宏均为云南沿边农村金融综合改革试验区，也是近年来云南农村"三权三证"抵押贷款试点地区。保山市是云南省下辖地级市，与缅甸山水相连，边境线长167.78公里，与大理、临沧、怒江、德宏四州（市）毗邻，面积为19637平方公里，辖隆阳区、施甸县、腾冲市、龙陵县及昌宁县。2014年，保山的龙陵县被列为全省金融服务改革创新工作试点县，龙陵县委、县政府高度重视试点建设工作，采取了"五个保障"（组织保障、政策保障、基础保障、服务保障及风险防控保障）措施，成效显著。2014年5月23日，龙陵县勐糯镇成立了保山首家乡镇农村综合产权交易服务中心，试点开展乡镇权限内的土地经营权、林权和农村房屋所有权（宅基地使用权）的抵押贷款评估登记服务，收集和发布各类产权流转信息及组织产权流转等交易活动。目前龙陵全县10个乡镇的农村综合产权交易服务中心都已挂牌并开展业务。"三权三证"抵押贷款对当地种农、林、牧业等的发展发挥了重要作用。

二 农村"三权三证"抵押贷款风险评价

(一) 风险评价指标体系

1. 最高层

最高层为决策层对"三权三证"抵押贷款的影响程度。

2. 中间层

农村"三权三证"抵押贷款风险主要有法律缺失风险、信用风险、操作风险及政策风险等。在此基础上，这些风险又可进一步细化为法律法规缺失、违法违规行为、信用风险、抵押物价值评估难、抵押物处置难、操作规程缺失、信贷人员素质偏低、信息不对称、自然灾害风险及农村社会保障制度不健全等。

3. 最底层

最底层是备选方案，即应对风险的四种选择：风险回避、损失控制、风险转移及风险保留。

(二) 判断矩阵设定

"三权三证"抵押贷款风险因素 A 判断矩阵中，法律法规缺失为 B1、违法违规行为 B2、信用风险为 B3、抵押物价值评估难为 B4、抵押物处置难为 B5、操作规程缺失为 B6、信贷人员素质偏低为 B7、信息不对称为 B8、自然灾害风险为 B9、农村社会保障制度不健全为 B10（见表 5-2）。

表 5-2 云南农村"三权三证"抵押贷款风险评价

A	B1	B2	B3	B4	B5	B6	B7	B8	B9	B10
B1	1	1	1	1	1	3	1	1/3	1	1
B2	1	1	1	1	1/3	1	1	1/3	2	2
B3	1	1	1	1	1	3	3	1	1/3	1
B4	1	1	1	1	1	1/2	1	1/3	5	1
B5	1	3	1	1	1	1	2	1/3	3	1
B6	1/3	1	1/3	2	1	2	1	1	1	1/2

续表

A	B1	B2	B3	B4	B5	B6	B7	B8	B9	B10
B7	1	1	1/3	1	1/2	1	1	1	1/3	1
B8	3	3	1	3	1	1	1	1	1/3	1
B9	1	1/2	3	1/5	1	1	3	3	1	1
B10	1	1/2	1	1	1	2	1	1	1	1

"三权三证"抵押贷款风险应对的四种选择（风险回避、损失控制、风险转移及风险保留）的判断矩阵，以及用 Excel 2003 做的一致性检验结果如表5-3至表5-12所示。

法律法规缺失 B1 风险应对四种选择风险回避 C1、损失控制 C2、风险转移 C3 及风险保留 C4 的判断矩阵及一致性检验结果如表5-3所示。

表5-3　法律法规缺失 B1 风险应对四种选择的判断矩阵及一致性检验结果

B1	C1	C2	C3	C4
C1	1	1/3	1/3	3
C2	3	1	1	3
C3	3	1	1	5
C4	1/3	1/3	1/5	1
λ_{max}	$CI = (\lambda_{max}-n)/(n-1)$		CR	
41/9	0.038227258		0.0442548	

违法违规行为 B2 风险应对四种选择风险回避 C1、损失控制 C2、风险转移 C3、风险保留 C4 的判断矩阵及一致性检验结果如表5-4所示。

表5-4　违法违规行为 B2 风险应对四种选择的判断矩阵及一致性检验结果

B2	C1	C2	C3	C4
C1	1	3	5	7
C2	1/3	1	3	5
C3	1/5	1/3	1	3
C4	1/7	1/5	1/3	1

续表

B2	C1	C2	C3	C4
λ_{max}	$CI=(\lambda_{max}-n)/(n-1)$	CR		
41/9	0.038977949	0.045124		

信用风险 B3 风险应对四种选择风险回避 C1、损失控制 C2、风险转移 C3、风险保留 C4 的判断矩阵及一致性检验结果如表 5-5 所示。

表 5-5　信用风险 B3 风险应对四种选择的判断矩阵及一致性检验结果

B3	C1	C2	C3	C4
C1	1	1/3	1/3	1/5
C2	3	1	1	1/3
C3	3	1	1	1/3
C4	5	3	3	1
λ_{max}	$CI=(\lambda_{max}-n)/(n-1)$	CR		
4	0.01446	0.016741		

抵押物价值评估难 B4 风险应对四种选择风险回避 C1、损失控制 C2、风险转移 C3、风险保留 C4 的判断矩阵及一致性检验结果如表 5-6 所示。

表 5-6　抵押物价值评估难 B4 风险应对四种选择的判断矩阵及一致性检验结果

B4	C1	C2	C3	C4
C1	1	3	3	1/3
C2	1/3	1	1	1/7
C3	1/3	1	1	1/7
C4	3	7	7	1
λ_{max}	$CI=(\lambda_{max}-n)/(n-1)$	CR		
4	0.002634	0.003049		

抵押物处置难 B5 风险应对的四种选择风险回避 C1、损失控制 C2、风险转移 C3、风险保留 C4 的判断矩阵及一致性检验结果如表 5-7 所示。

表 5-7 抵押物处置难 B5 风险应对四种选择的判断矩阵及一致性检验结果

B5	C1	C2	C3	C4
C1	1	7	1	1
C2	1/7	1	1/3	1
C3	1/5	3	1	1
C4	1	1	1	1
λ_{max}	$CI=(\lambda_{max}-n)/(n-1)$		CR	
41/8	0.042028		0.048655	

操作规程缺失 B6 风险应对的四种选择风险回避 C1、损失控制 C2、风险转移 C3、风险保留 C4 的判断矩阵及一致性检验结果如表 5-8 所示。

表 5-8 操作规程缺失 B6 风险应对四种选择的判断矩阵及一致性检验结果

B6	C1	C2	C3	C4
C1	1	3	1	1/3
C2	1/3	1	1/3	1/5
C3	1	3	1	1/3
C4	3	5	3	1
λ_{max}	$CI=(\lambda_{max}-n)/(n-1)$		CR	
4	0.01446		0.016741	

信贷人员素质偏低 B7 风险应对四种选择风险回避 C1、损失控制 C2、风险转移 C3、风险保留 C4 的判断矩阵及一致性检验结果如表 5-9 所示。

表 5-9 信贷人员素质偏低 B7 风险应对四种选择的判断矩阵及一致性检验结果

B7	C1	C2	C3	C4
C1	1	1/3	1/3	3
C2	3	1	1	5
C3	3	1	1	5
C4	1/3	1/5	1/5	1

续表

B7	C1	C2	C3	C4
λ_{max}	$CI=(\lambda_{max}-n)/(n-1)$		CR	
4	0.01446	0.016741		

信息不对称 B8 风险应对四种选择风险回避 C1、损失控制 C2、风险转移 C3、风险保留 C4 的判断矩阵及一致性检验结果如表 5-10 所示。

表 5-10　信息不对称 B8 风险应对四种选择的判断矩阵及一致性检验结果

B8	C1	C2	C3	C4
C1	1	1/3	1/3	1/7
C2	3	1	1	1/3
C3	3	1	1	1/3
C4	7	3	3	1
λ_{max}	$CI=(\lambda_{max}-n)/(n-1)$		CR	
4	0.0026338	0.003049		

自然灾害风险 B9 风险应对四种选择风险回避 C1、损失控制 C2、风险转移 C3、风险保留 C4 的判断矩阵及一致性检验结果如表 5-11 所示。

表 5-11　自然灾害风险 B9 风险应对四种选择的判断矩阵及一致性检验结果

B9	C1	C2	C3	C4
C1	1	1/3	1/5	1/7
C2	3	1	1/3	1/3
C3	5	3	1	1/3
C4	7	3	3	1
λ_{max}	$CI=(\lambda_{max}-n)/(n-1)$		CR	
41/7	0.046364	0.053674		

农村社会保障制度不健全 B10 风险应对四种选择风险回避 C1、损失控制 C2、风险转移 C3、风险保留 C4 的判断矩阵及一致性检验结果如表 5-12 所示。

表 5-12 农村社会保障制度不健全 B10 风险应对四种选择的判断矩阵及一致性检验结果

B10	C1	C2	C3	C4
C1	1	5	3	1/3
C2	1/5	1	1	1/7
C3	1/3	1	1	1/7
C4	3	7	7	1
λ_{max}	$CI=(\lambda_{max}-n)/(n-1)$		CR	
4	0.018965		0.021955	

三 实证结果与风险排序

通过上面的判断矩阵，对每个矩阵进行计算，确定每个指标的权重，并进行一致性检验，得到层次单排序和总层次排序结果。

从计算的情况来看，各指标权重分别为：法律法规缺失 B1 = 0.098271、违法违规行为 B2 = 0.090617、信用风险 B3 = 0.109683、抵押物价值评估难 B4 = 0.096496、抵押物处置难 B5 = 0.117555、操作规程缺失 B6 = 0.084549、信贷人员素质偏低 B7 = 0.073604、信息不对称 B8 = 0.12242、自然灾害风险 B9 = 0.108534、农村社会保障制度不健全 B10 = 0.098271。λ_{max} = 10.84572402，CI = 0.093969336，RI = 1.4901，CR = 0.063062 < 0.1，满足一致性检验。

法律法规缺失 B1 风险应对四种选择的各指标权重分别为风险回避 0.156797、损失控制 0.357421、风险转移 0.406108、风险保留 0.079674，λ_{max} = 41/9，CI = 0.038227258，RI = 0.8638，CR = 0.0442548 < 0.1，满足一致性检验。

违法违规行为 B2 风险应对四种选择的各指标权重分别为风险回避 0.563813、损失控制 0.263378、风险转移 0.117786、风险保留 0.055022，λ_{max} = 41/9，CI = 0.038977949，RI = 0.8638，CR = 0.045124 < 0.1，满足一致性检验。

信用风险 B3 风险应对四种选择的各指标权重分别为风险回避 0.07759、损失控制 0.081491、风险转移 0.20096、风险保留 0.52049，λ_{max} = 4，CI =

0.01446，$RI=0.8638$，$CR=0.016741<0.1$，满足一致性检验。

抵押物价值评估难 B4 风险应对四种选择的各指标权重分别为风险回避 0.229587、损失控制 0.081491、风险转移 0.081491、风险保留 0.60743，$\lambda_{max}=4$，$CI=0.002634$，$RI=0.8638$，$CR=0.003049<0.1$，满足一致性检验。

抵押物处置难 B5 风险应对四种选择的各指标权重分别为风险回避 0.409323、损失控制 0.117554、风险转移 0.221477、风险保留 0.251647，$\lambda_{max}=41/8$，$CI=0.042028$，$RI=0.8638$，$CR=0.048655<0.1$，满足一致性检验。

操作规程缺失 B6 风险应对四种选择的各指标权重分别为风险回避 0.20096、损失控制 0.07759、风险转移 0.20096、风险保留 0.52049，$\lambda_{max}=4$，$CI=0.01446$，$RI=0.8638$，$CR=0.016741<0.1$，满足一致性检验。

信贷人员素质偏低 B7 风险应对四种选择的各指标权重分别为风险回避 0.150892、损失控制 0.390813、风险转移 0.390813、风险保留 0.067481，$\lambda_{max}=4$，$CI=0.01446$，$RI=0.8638$，$CR=0.016741<0.1$，满足一致性检验。

信息不对称 B8 风险应对四种选择的各指标权重分别为风险回避 0.068625、损失控制 0.193339、风险转移 0.193339、风险保留 0.544697，$\lambda_{max}=4$，$CI=0.0026338$，$RI=0.8638$，$CR=0.003049<0.1$，满足一致性检验。

自然灾害风险 B9 风险应对的四种选择，各指标权重分别为风险回避 0.058013、损失控制 0.141105、风险转移 0.277693、风险保留 0.523188，$\lambda_{max}=41/7$，$CI=0.046364$，$RI=0.8638$，$CR=0.053674<0.1$，满足一致性检验。

农村社会保障制度不健全 B10 风险应对四种选择的各指标权重分别为风险回避 0.25537、损失控制 0.070212、风险转移 0.079776、风险保留 0.594643，$\lambda_{max}=4$，$CI=0.018965$，$RI=0.8638$，$CR=0.021955<0.1$，满足一致性检验。

最终，应对风险的四种选择（风险回避 C1、损失控制 C2、风险转移 C3、风险保留 C4）的总权重分别为：0.15310497、0.24704513、

0.29245462、0.30739529。

从层次分析结果来看，为应对云南农村"三权三证"抵押贷款风险，银行金融机构更多地选择风险转移和风险保留两种方式。

我们再做进一步的分析，在选取的 10 个指标中，按照权重大小分为三类：很重要、重要和一般。权重大于等于 10% 的为很重要；权重在 5% 到 10% 之间的为比较重要；权重低于 5% 的为一般。从计算结果看，没有"一般"，也即在 10 项指标中，没有一项指标的权重低于 5%。权重大于等于 10% 的指标有四项，权重在 5% 到 10% 之间的指标 6 项。

从计算的情况来看，权重大于等于 10% 的指标有 4 项，按顺序排分别为：信息不对称（B8 = 0.12242）、抵押物处置难（B5 = 0.117555）、信用风险（B3 = 0.109683）及自然灾害风险（B9 = 0.108534）。

权重在 5% 到 10% 之间的指标有 6 项，按顺序排除分别为：法律法规缺失（B1 = 0.098271）、农村社会保障制度不健全（B10 = 0.098271）、抵押物价值评估难（B4 = 0.096496）、违法违规行为（B2 = 0.090617）、操作规程缺失（B6 = 0.084549）及信贷人员素质偏低（B7 = 0.073604）（见表 5-13）。

表 5-13 农村"三权三证"抵押贷款风险排序

指标名称	权重	排序
信息不对称 B8	0.12242	1
抵押物处置难 B5	0.117555	2
信用风险 B3	0.109683	3
自然灾害风险 B9	0.108534	4
法律法规缺失 B1	0.098271	5
农村社会保障制度不健全 B10	0.098271	6
抵押物价值评估难 B4	0.096496	7
违法违规行为 B2	0.090617	8
操作规程缺失 B6	0.084549	9
信贷人员素质偏低 B7	0.073604	10

按计算结果，10类风险的排序为：第1位是信息不对称，第2位是抵押物处置难，第3位是信用风险，第4位是自然灾害风险，第5位是法律法规缺失，第6位是农村社会保障制度不健全，第7位是抵押物价值评估难，第8位是违法违规行为，第9位是操作规程缺失，第10位是信贷人员素质偏低。

第三节 云南省农村承包土地经营权抵押不良贷款分析

一 云南省农村承包土地经营权抵押不良贷款（2016~2021年）：资产质量视角

（一）云南省农村承包土地经营权抵押不良贷款情况（按资产质量划分）：2016年

2016年云南省农村承包土地经营权抵押贷款余额为49442万元，总笔数为3005笔，总户数为2922户。

2016年云南省农村承包土地经营权抵押贷款按资产质量可划分为正常类贷款、关注类贷款、次级类贷款、可疑类贷款和损失类贷款。其中正常类贷款45467万元，占2016年云南省农村承包土地经营权抵押贷款余额（49442万元）的91.96%；关注类贷款2189万元，占4.43%；次级类贷款848万元，占1.72%；可疑类贷款188万元，占0.38%；损失类贷款750万元，占1.52%。将次级类贷款、可疑类贷款和损失类贷款三类归为不良贷款，2016年末云南农村承包土地经营权抵押不良贷款合计为1786万元，占2016年云南省农村承包土地经营权抵押贷款余额49442万元的3.61%。

在三项不良贷款中，次级类贷款848万元，占不良贷款的47.48%；可疑类贷款188万元，占不良贷款的10.53%；损失类贷款750万元，占不良贷款的41.99%。损失类贷款是既成损失，确定银行已收不回来。

（二）云南省农村承包土地经营权抵押不良贷款情况（按资产质量划分）：2017 年

2017 年云南省农村承包土地经营权抵押贷款总笔数为 4045 笔，总户数为 3476 户，农村承包土地经营权抵押贷款余额为 67784 万元。

按资产质量划分，2017 年云南省农村承包土地经营权抵押贷款余额中有正常类贷款 61537 万元，占 2017 年云南省农村承包土地经营权抵押贷款余额（67784 万元）的 90.78%；关注类贷款 2454 万元，占 3.62%；次级类贷款 2430 万元，占 3.58%；可疑类贷款 1363 万元，占 2.01%；损失类贷款 0 万元，占 0%。将次级类贷款、可疑类贷款和损失类贷款归为不良贷款，2017 年末云南省农村承包土地经营权抵押不良贷款为 3793 万元，占 2017 年云南省农村承包土地经营权抵押贷款余额（67784 万元）的 5.60%。

在三项不良贷款（3793 万元）中，次级类贷款 2430 万元，占不良贷款的 64.07%；可疑类贷款 1363 万元，占不良贷款的 35.93%；损失类贷款 0 万元，占不良贷款余额的 0%。没有损失类贷款，这是 2017 年云南农村承包土地经营权抵押不良贷款的一大变化。

（三）云南省农村承包土地经营权抵押不良贷款情况（按资产质量划分）：2018 年

2018 年云南省农村承包土地经营权抵押贷款余额为 72004 万元，总笔数为 3894 笔，总户数为 3098 户。

按资产质量划分，2018 年云南省农村承包土地的经营权抵押贷款余额中有正常类贷款 63204 万元，占 2018 年末云南省农村承包土地经营权抵押贷款余额（72004 万元）的 87.78%；关注类贷款 5837 万元，占 8.11%；次级类贷款 1722 万元，占 2.39%；可疑类贷款 1241 万元，占 1.72%；损失类贷款 0 万元，占 0%。2018 年末云南省农村承包土地经营权抵押不良贷款为 2963 万元，占 2018 年云南省农村承包土地经营权抵押贷款余额（72004 万元）的 4.12%。

在次级类贷款、关注类贷款及损失类贷款三项不良贷款（2963 万元）中，次级类贷款 1722 万元，占不良贷款的 58.12%；可疑类贷款 1241 万元，占不良贷款的41.88%；损失类贷款0万元，占不良贷款的0%。损失类贷款是已造成事实的损失，在2018年不良贷款中，依旧没有损失类贷款，这减轻了放贷银行的贷款压力。

（四）云南省农村承包土地经营权抵押不良贷款情况（按资产质量划分）：2019年

2019年云南省农村承包土地经营权抵押贷款余额为43614万元，总笔数为2541笔，总户数为1784户。

按资产质量划分，2019年云南省农村承包土地经营权抵押贷款中有正常类贷款32156万元，占2019年云南省农村承包土地经营权抵押贷款余额（43614万元）的73.73%；关注类贷款9131万元，占20.94%；次级类贷款453万元，占1.04%；可疑类贷款1874万元，占4.30%；损失类贷款0万元，占0%。2019年云南省农村承包土地经营权抵押不良贷款为2327万元，占2019年云南省农村承包土地经营权抵押贷款余额（43614万元）的5.34%。

在三项不良贷款余额（2327万元）中，次级类贷款453万元，占不良贷款的19.47%；可疑类贷款1874万元，占不良贷款的80.53%；损失类贷款0万元，占不良贷款余额的0%。2019年可疑类贷款余额明显增加，放贷银行的放贷风险加大。

（五）云南省农村承包土地经营权抵押不良贷款情况（按资产质量划分）：2020年

2020年云南省农村承包土地经营权抵押贷款余额27138万元，总笔数为618笔，总户数为560户。2020年云南省农村承包土地经营权抵押不良贷款7102万元，占2020年云南农村承包土地经营权抵押贷款余额（27138万元）的26.17%。

（六）云南省农村承包土地经营权抵押不良贷款情况（按资产质量划分）：2021年

2021年云南省农村承包土地经营权抵押贷款余额为17107万元，总笔数为188笔，总户数为157户。2021年云南省农村承包土地经营权抵押不良贷款 8654 万元，占 2021 年云南省农村承包土地经营权抵押贷款余额（17107 万元）的 50.59%。

（七）云南省农村承包土地经营权抵押不良贷款情况（按资产质量划分）：2016~2021 年

从 2016~2021 年六年间云南省农村承包土地经营权抵押不良贷款情况可以得出以下结论。

一是不良贷款率比较高。2016 年不良贷款率为 3.61%，2017 年为 5.60%，2018 年为 4.12%，2019 年为 5.34%，2020 年为 26.17%，2021 年为 50.59%。六年来云南省农村承包土地经营权抵押不良贷款率平均为 15.90%，与我国商业银行不良贷款率[①]平均为 1.79%相比，高出太多。

二是不良贷款余额有增有减。2016 年不良贷款为 1786 万元；2017 年为 3793 万元；2018 年为 2963 万元；2019 年为 2327 万元；2020 年为 7102 万元；2021 年为 8654 万元。2017 年与 2016 年相比不良贷款增加 2007 万元，增幅为 112.37%；2018 年与 2017 年相比减少 830 万元，减幅为 21.88%；2019 年与 2018 年相比又减少 636 万元，减幅 21.46%。2020 年和 2021 年不良贷款激增，尤其是 2020 年，当年新增不良贷款余额 4775 万元。从统计数据来看，主要与 2020 年和 2021 年"收多贷少"有关，即在新贷款发放减少的同时不良贷款又增加，从而出现 2020 年和 2021 年的不良贷款率奇高的情况（见表 5-14）。

表 5-14 2016~2021 年云南省农村承包土地经营权抵押不良贷款变动比较（按资产质量划分）

年份	贷款余额（万元）	不良贷款（万元）	次级类贷款 金额（万元）	次级类贷款 占比（%）	可疑类贷款 金额（万元）	可疑类贷款 占比（%）	损失类贷款 金额（万元）	损失类贷款 占比（%）	不良贷款率（%）
2016	49442	1786	848	47.49	188	10.53	750	41.99	3.61
2017	67784	3793	2430	64.07	1363	35.93	0	0	5.60

---

① 我国商业银行不良贷款率：2016 年为 1.75%，2017 年为 1.74%，2018 年为 1.83%，2019 年为 1.86%。资料来源：中国银保监会网站。

续表

年份	贷款余额（万元）	不良贷款（万元）	次级类贷款 金额（万元）	次级类贷款 占比（%）	可疑类贷款 金额（万元）	可疑类贷款 占比（%）	损失类贷款 金额（万元）	损失类贷款 占比（%）	不良贷款率（%）
2018	72004	2963	1722	58.12	1241	41.88	0	0	4.12
2019	43614	2327	453	19.47	1874	80.53	0	0	5.34
2020	27138	7102	—	—	—	—	—	—	26.17
2021	17107	8654	—	—	—	—	—	—	50.59

注："—"代表相关数据缺失，后同。
资料来源：中国人民银行昆明中心支行。

三是次级类贷款有升有降。次级类贷款有风险但在可控范围内。2016年次级类贷款为848万元，2017年为2430万元，2018年为1722万元，2019年为453万元。2017年与2016年相比新增次级类贷款1582万元，增幅达186.56%；2018年与2017年相比次级类贷款减少708万元，减幅为29.14%；2019年与2018年相比减少1269万元，减幅为73.69%。

四是可疑类贷款有增有减。2016年可疑类贷款为188万元，2017年为1363万元，2018年为1241万元，2019年为1874万元。可疑类贷款比上一年增加的年份有2017年和2019年，减少的年份是2018年。2019年可疑类贷款增加633万元，增幅为51%。可疑类贷款的风险相对次级类贷款的风险更大，云南省农村承包土地经营权抵押贷款的风险不能忽视。

五是损失类贷款很少。2016年损失类贷款为750万元，但2017年、2018年和2019年连续三年均没有损失类贷款。对损失类贷款的控制在一定程度上减少了云南农村承包土地经营权抵押贷款的风险。

二 云南省农村承包土地经营权抵押不良贷款（2016~2021年）：逾期视角

（一）云南省农村承包土地经营权抵押不良贷款情况（按逾期期限划分）：2016年

从贷款逾期统计口径来看，2016年云南农村承包土地经营权抵押不良贷款为1784万元，其中逾期30天（含）以内的贷款为260万元，占比

14.57%；逾期31天到90天（含）的贷款余额为81万元，占比4.54%；逾期91天到180天（含）的贷款为262万元，占比14.68%；逾期181天到270天（含）的贷款为17万元，占比0.95%；逾期271天到360天（含）的贷款为25万元，占比1.40%；逾期361天及以上的贷款为1139万元，占比63.84%。从逾期时间来看，超过一年的不良贷款占比最高（见表5-15）。

表5-15 2016年云南省农村承包土地经营权抵押不良贷款情况（按逾期期限划分）

指标名称	金额（万元）	占比（%）
逾期30天（含）以内的贷款	260	14.57
逾期31天到90天（含）的贷款	81	4.54
逾期91天到180天（含）的贷款	262	14.68
逾期181天到270天（含）的贷款	17	0.95
逾期271天到360天（含）的贷款	25	1.40
逾期361天及以上的贷款	1139	63.84

资料来源：中国人民银行昆明中心支行。

（二）云南省农村承包土地经营权抵押不良贷款情况（按逾期期限划分）：2017年

从贷款逾期统计口径来看，2017年云南省农村承包土地经营权抵押不良贷款余额为1975万元，其中逾期30天（含）以内的贷款为189万元，占比9.57%；逾期31天到90天（含）的贷款为405万元，占比20.51%；逾期91天到180天（含）的贷款为365万元，占比18.47%；逾期181天到270天（含）的贷款为562万元，占比28.46%；逾期271天到360天（含）的贷款为50万元，占比2.53%；逾期361天及以上的贷款为404万元，占比20.46%。从逾期时间来看，逾期181天到270天（含）的贷款占比较高，为28.46%（见表5-16）。

表 5-16　2017 年云南省农村承包土地经营权抵押不良贷款情况（按逾期期限划分）

指标名称	金额（万元）	占比（%）
逾期 30 天（含）以内的贷款	189	9.57
逾期 31 天到 90 天（含）的贷款	405	20.51
逾期 91 天到 180 天（含）的贷款	365	18.47
逾期 181 天到 270 天（含）的贷款	562	28.46
逾期 271 天到 360 天（含）的贷款	50	2.53
逾期 361 天及以上的贷款	404	20.46

资料来源：中国人民银行昆明中心支行。

（三）云南省农村承包土地经营权抵押不良贷款情况（按逾期期限划分）：2018 年

按贷款逾期统计口径，2018 年云南省农村承包土地经营权抵押不良贷款余额为 4812 万元，其中逾期 30 天（含）以内的贷款为 1921 万元，占比 39.92%；逾期 31 天到 90 天（含）的贷款为 86 万元，占比 1.79%；逾期 91 天到 180 天（含）的贷款为 512 万元，占比 10.64%；逾期 181 天到 270 天（含）的贷款为 1366 万元，占比 28.39%；逾期 271 天到 360 天（含）的贷款为 179 万元，占比 3.72%；逾期 361 天及以上的贷款为 748 万元，占比 15.54%。从逾期时间来看，逾期 30 天（含）以内的贷款占比最高，达 39.92%，其次为逾期 181 天到 270 天（含）的贷款，占比达 28.39%（见表 5-17）。

表 5-17　2018 年云南省农村承包土地经营权抵押不良贷款情况（按逾期期限划分）

指标名称	金额（万元）	占比（%）
逾期 30 天（含）以内的贷款	1921	39.92
逾期 31 天到 90 天（含）的贷款	86	1.79

续表

指标名称	金额（万元）	占比（%）
逾期91天到180天（含）的贷款	512	10.64
逾期181天到270天（含）的贷款	1366	28.39
逾期271天到360天（含）的贷款	179	3.72
逾期361天及以上的贷款	748	15.54

资料来源：中国人民银行昆明中心支行。

（四）云南省农村承包土地经营权抵押不良贷款情况（按逾期期限划分）：2019年

按贷款逾期统计口径，2019年云南农村承包土地经营权抵押不良贷款余额为5205万元，其中逾期30天（含）以内的贷款为3299万元，占比63.38%；逾期31天到90天（含）的贷款为1671万元，占比32.10%；逾期91天到180天（含）的贷款为235万元，占比4.51%。从逾期时间来看，逾期30天（含）以内的贷款最多，占比也最高，达63.38%（见表5-18）。

表5-18 2019年云南省农村承包土地经营权抵押不良贷款情况（按逾期期限划分）

指标名称	金额（万元）	占比（%）
逾期30天（含）以内的贷款	3299	63.38
逾期31天到90天（含）的贷款	1671	32.10
逾期91天到180天（含）的贷款	235	4.51
逾期181天到270天（含）的贷款	0	0.00
逾期271天到360天（含）的贷款	0	0.00
逾期361天及以上的贷款	0	0.00

资料来源：中国人民银行昆明中心支行。

(五) 云南省农村承包土地经营权抵押不良贷款情况 (按逾期期限划分): 2020 年

按贷款逾期统计口径, 2020 年云南农村土地承包经营权抵押不良贷款为 6571 万元[①], 其中逾期 90 天（含）以内的贷款为 648 万元, 占比 9.86%; 逾期 90 天以上的贷款为 5923 万元, 占比 90.14%。

(六) 云南省农村承包土地经营权抵押不良贷款情况 (按逾期期限划分): 2021 年

按贷款逾期统计口径, 2021 年云南省农村土地承包经营权逾期抵押不良贷款为 8360 万元, 其中逾期 90 天（含）以内的贷款为 507 万元, 占比为 6.06%; 逾期 90 天以上的贷款为 7853 万元, 占比为 93.94%。

(七) 云南省农村承包土地经营权抵押不良贷款情况 (按逾期期限划分) 比较: 2016~2021 年

从逾期期限统计口径看, 2016~2021 年的云南省农村承包土地经营权抵押不良贷款情况有如下特点。一是农村承包土地经营权抵押不良贷款数量呈增加趋势。2016 年不良贷款余额为 1784 万元; 2017 年为 1975 万元; 2018 年为 4812 万元, 2019 年为 5205 万元, 2020 年为 7102 万元, 2021 年为 8654 万元。不良贷款每年增加的情况, 2017 年与 2016 年相比增加 191 万元, 增幅为 10.71%; 2018 年与 2017 年相比, 不良贷款增加 2837 万元, 增幅为 143.64%; 2019 年与 2018 年相比, 不良贷款增加 393 万元, 增幅为 8.17%; 2020 年与 2019 年相比, 不良贷款增加 1897 万元, 增幅为 36.44%; 2021 年与 2020 年相比, 不良贷款增加 1552 万元, 增幅为 21.85%。二是逾期 1 个月以内的不良贷款数量增幅大。从变化趋势上看, 逾期一年以上的贷款数量减少, 而逾期 1 个月以内的贷款数量有所增加。说明商业银行对贷款质量管理的力度增大 (见表 5-19)。

---

① 2020 年、2021 年的统计方式发生变化, 不再细分为逾期 30 天（含）以内、逾期 31 天到 90 天（含）、逾期 91 天到 180 天（含）等, 而是分为两段时间, 一是逾期 90 天（含）以内的贷款, 二是逾期 90 天以上的贷款。

表 5-19　2016~2021 年云南省农村承包土地经营权抵押不良贷款情况比较（按逾期期限划分）

年份	不良贷款（万元）	逾期30天（含）以内的贷款 金额（万元）	逾期30天（含）以内的贷款 占比（%）	逾期31~90天（含）贷款 金额（万元）	逾期31~90天（含）贷款 占比（%）	逾期91~180天（含）贷款 金额（万元）	逾期91~180天（含）贷款 占比（%）	逾期181~270天（含）贷款 金额（万元）	逾期181~270天（含）贷款 占比（%）	逾期271~360天（含）贷款 金额（万元）	逾期271~360天（含）贷款 占比（%）	逾期361天以上的贷款 金额（万元）	逾期361天以上的贷款 占比（%）
2016	1784	260	14.57	81	4.54	262	14.68	17	0.95	25	1.40	1139	63.84
2017	1975	189	9.57	405	20.51	365	18.47	562	28.46	50	2.53	404	20.46
2018	4812	1921	39.92	86	1.79	512	10.64	1366	28.39	179	3.72	748	15.54
2019	5205	3299	63.38	1671	32.10	235	4.51	0	0	0	0	0	0
2020	7102	—	—	—	—	—	—	—	—	—	—	—	—
2021	8654	—	—	—	—	—	—	—	—	—	—	—	—

数据来源：中国人民银行昆明中心支行。

第四节　云南省农民住房财产权抵押不良贷款分析

一　农民住房财产权抵押不良贷款（2016~2021年）：资产质量视角

（一）农民住房财产权抵押不良贷款情况（按资产质量划分）：2016年

2016年云南省农民住房财产权抵押贷款余额为504828万元，笔数为28490笔，户数为25841户。其中，正常类贷款446494万元，关注类贷款31087万元，次级类贷款4460万元，可疑类贷款22413万元，损失类贷款374万元。其中正常类贷款占农民住房财产权抵押贷款余额的88.44%，关注类贷款占6.16%，不良贷款（次级类、可疑类和损失类）27247万元，不良贷款率为5.40%（见表5-20）。

表5-20　2016年农民住房财产权抵押贷款统计表（按资产质量划分）

指标名称		金额（万元）	占比（%）
正常类贷款		446494	88.44
关注类贷款		31087	6.16
不良贷款	次级类贷款	4460	5.40
	可疑类贷款	22413	
	损失类贷款	374	

资料来源：中国人民银行昆明中心支行。

在27247万元的不良贷款中，次级类贷款4460万元，占16.37%；可疑类贷款22413万元，占82.26%；损失类贷款374万元，占1.37%。从中可以看出，可疑类贷款占比高，对放贷银行来说，潜在的风险比较大。损失类贷款374万元，对放贷银行来说损失已确定，无法收回（见表5-21）。

表 5-21 2016 年农民住房财产权抵押不良贷款情况（按资产质量划分）

指标名称	金额（万元）	占比（%）
不良贷款	27247	
其中：次级类贷款	4460	16.37
可疑类贷款	22413	82.26
损失类贷款	374	1.37

资料来源：中国人民银行昆明中心支行。

（二）农民住房财产权抵押不良贷款情况（按资产质量分）：2017 年

2017 年云南省农民住房财产权抵押贷款余额为 380067 万元，笔数为 23336 笔，户数为 17588 户。其中，正常类贷款 327207 万元，关注类贷款 24945 万元，次级类贷款 12012 万元，可疑类贷款 15622 万元，损失类贷款 281 万元。其中正常类贷款占农民住房财产权抵押贷款余额的 86.09%，关注类贷款占 6.56%，次级类贷款占 3.16%，可疑类贷款占 4.11%，损失类贷款占 0.074%。2017 年不良贷款余额 27915 万元，不良贷款率为 7.34%（见表 5-22）。

表 5-22 2017 年农民住房财产权抵押贷款情况（按资产质量划分）

指标名称		金额（万元）	占比（%）
正常类贷款		327207	86.09
关注类贷款		24945	6.56
不良贷款	次级类贷款	12012	7.34
	可疑类贷款	15622	
	损失类贷款	281	

资料来源：中国人民银行昆明中心支行。

不良贷款（次级类、可疑类和损失类）共计 27915 万元，占 2017 年末云南省农民住房财产权抵押贷款余额的 7.34%。在 27915 万元的不良贷款中，次级类贷款 12012 万元，占 43.03%；可疑类贷款 15622 万元，占

55.96%；损失类贷款 281 万元，占 1.00%。从不良贷款的结构看，可疑类贷款占比最高，次级类贷款次之，损失类贷款占比最低（见表 5-23）。

表 5-23　2017 年农民住房财产权抵押不良贷款情况（按资产质量划分）

指标名称	金额（万元）	占比（%）
不良贷款	27915	
其中：次级类贷款	12012	43.03
可疑类贷款	15622	55.96
损失类贷款	281	1.00

资料来源：中国人民银行昆明中心支行。

（三）农民住房财产权抵押不良贷款情况（按资产质量分）：2018 年

2018 年云南省农民住房财产权抵押贷款余额 294897 万元，笔数 15008 笔，户数 12298 户。其中，正常类贷款 246140 万元，关注类贷款 23224 万元，次级类贷款 10670 万元，可疑类贷款 14659 万元，损失类贷款 204 万元。其中正常类贷款占农民住房财产权抵押贷款余额的 83.47%，关注类贷款占 7.88%，次级类贷款占 3.62%，可疑类贷款占 4.97%，损失类贷款占 0.07%。不良贷款（次级类、可疑类和损失类）共计 25533 万元，不良贷款率为 8.66%（见表 5-24）。

表 5-24　2018 年农民住房财产权抵押贷款情况（按资产质量划分）

指标名称		金额（万元）	占比（%）
正常类贷款		246140	83.47
关注类贷款		23224	7.88
不良贷款	次级贷款	10670	8.66
	可疑类贷款	14659	
	损失类贷款	204	

资料来源：中国人民银行昆明中心支行。

在 25533 万元的不良贷款中，次级类贷款 10670 万元，占 41.79%；可疑类贷款 14659 万元，占 57.41%；损失类贷款 204 万元，占 0.80%。从不良贷款的结构看，可疑类贷款占比最高，次级类贷款次之，损失类贷款占比最低（见表 5-25）。

表 5-25　2018 年农民住房财产权抵押不良贷款情况（按资产质量划分）

指标名称	金额（万元）	占比（%）
不良贷款	25533	
其中：次级类贷款	10670	41.79
可疑类贷款	14659	57.41
损失类贷款	204	0.80

资料来源：中国人民银行昆明中心支行。

（四）农民住房财产权抵押不良贷款情况（按资产质量分）：2019 年

2019 年云南省农民住房财产权抵押贷款余额为 256890 万元，笔数为 13409 笔，户数为 9625 户。其中，正常类贷款 212272 万元，关注类贷款 22592 万元，次级类贷款 7993 万元，可疑类贷款 13192 万元，损失类贷款 841 万元。正常类贷款占农民住房财产权抵押贷款余额的 82.63%，关注类贷款占 8.79%，次级类贷款占 3.11%，可疑类贷款占 5.14%，损失类贷款占 0.33%。不良贷款（次级类、可疑类和损失类）共计 22026 万元，不良贷款率为 8.57%（见表 5-26）。

表 5-26　2019 年农民住房财产权抵押贷款情况（按资产质量划分）

指标名称	金额（万元）	占比（%）
正常类贷款	212272	82.63
关注类贷款	22592	8.79

续表

指标名称		金额（万元）	占比（%）
不良贷款	次级类贷款	7993	3.11
	可疑类贷款	13192	5.14
	损失类贷款	841	0.33

资料来源：中国人民银行昆明中心支行。

在22026万元的不良贷款中，次级类贷款7993万元，占36.29%；可疑类贷款13192万元，占59.89%；损失类贷款841万元，占3.82%。从不良贷款的结构看，可疑类贷款占比最高，次级类贷款次之，损失类贷款占比最低（见表5-27）。

表5-27　2019年云南农民住房财产权抵押不良贷款情况（按资产质量划分）

指标名称	金额（万元）	占比（%）
不良贷款	22026	
其中：次级类贷款	7993	36.29
可疑类贷款	13192	59.89
损失类贷款	841	3.82

资料来源：中国人民银行昆明中心支行。

（五）农民住房财产权抵押不良贷款情况（按资产质量划分）：2020年

2020年云南省农民住房财产权抵押贷款余额为228491万元，不良贷款有16556万元，不良贷款率为7.25%。

（六）农民住房财产权抵押不良贷款情况（按资产质量分）：2021年

2021年云南省农民住房财产权抵押贷款余额为190375万元，不良贷款余额为12471万元，不良贷款率为6.55%。

（七）农民住房财产权抵押不良贷款情况（按资产质量划分）：2016~2021年

从资产质量视角来看，2016~2019年云南农民住房财产权抵押不良贷款情况有以下几个方面的特点。一是不良贷款数量减多增少。2016年不良贷款为27247万元；2017年为27915万元，比2016年增加668万元；2018年为25533万元，比2017年减少2382万元；2019年为22026万元，比2018年减少3507万元；2020年为16556万元，比2019年减少5470万元；2021年为12471万元，比2020年减少4085万元。二是不良贷款率偏高。2016年不良贷款率为5.40%，2017年为7.34%，2018年为8.66%，2019年为8.57%，2020年为7.25%，2021年为6.55%。从分析来看，云南农民住房财产权抵押贷款的风险压力比较大（见表5-28）。

表5-28　2016~2021年农民住房财产权抵押不良贷款（按资产质量分）变动比较

年份	贷款余额（万元）	不良贷款（万元）	次级类贷款 金额（万元）	次级类贷款 占比（%）	可疑类贷款 金额（万元）	可疑类贷款 占比（%）	损失类贷款 金额（万元）	损失类贷款 占比（%）	不良贷款率（%）
2016	504828	27247	4460	16.37	22413	82.26	374	1.37	5.40
2017	380067	27915	12012	43.03	15622	55.96	281	1.00	7.34
2018	294897	25533	10670	41.79	14659	57.41	204	0.80	8.66
2019	256890	22026	7993	36.29	13192	59.89	841	3.82	8.57
2020	228491	16556	—	—	—	—	—	—	7.25
2021	190375	12471	—	—	—	—	—	—	6.55

资料来源：中国人民银行昆明中心支行。

二　农民住房财产权抵押不良贷款（2016~2021年）：逾期视角

（一）农民住房财产权抵押不良贷款情况（按逾期期限划分）：2016年

按逾期贷款统计口径，2016年云南省农民住房财产权抵押不良贷款余额为36237万元,其中,逾期30天(含)以内的贷款有3581万元,占比为9.88%;逾期31天到90天(含)的贷款有3813万元,占比为10.52%;逾期91天到180天(含)的贷款有4415万元,占比为12.18%;逾期181天到270天(含)的贷款有3928万元,占比为10.84%;逾期271天到360天(含)的贷款有5456万元,占比为15.06%;逾期361天及以上的贷款有15044万元,占比为41.52%。从逾期天数来看,逾期361天及以上的贷款最多,有15044万元,占比为41.52%(见表5-29)。

表5-29 2016年农民住房财产权抵押不良贷款(按逾期期限划分)

指标名称	金额(万元)	占比(%)
逾期30天(含)以内的贷款	3581	9.88
逾期31天到90天(含)的贷款	3813	10.52
逾期91天到180天(含)的贷款	4415	12.18
逾期181天到270天(含)的贷款	3928	10.84
逾期271天到360天(含)的贷款	5456	15.06
逾期361天及以上的贷款	15044	41.52

资料来源:中国人民银行昆明中心支行。

(二)农民住房财产权抵押不良贷款情况(按逾期期限划分):2017年

按逾期贷款统计口径,2017年云南省农民住房财产权抵押不良贷款余额为25003万元,其中,逾期30天(含)以内的贷款有3713万元,占比为14.85%;逾期31天到90天(含)的贷款有3084万元,占比为12.33%;逾期91天到180天(含)的贷款有2402万元,占比为9.61%;逾期181天到270天(含)的贷款有2348万元,占比为9.39%;逾期271天到360天(含)的贷款有1826万元,占比为7.30%;逾期361天及以上的贷款有11630万元,占比为46.51%(见表5-30)。

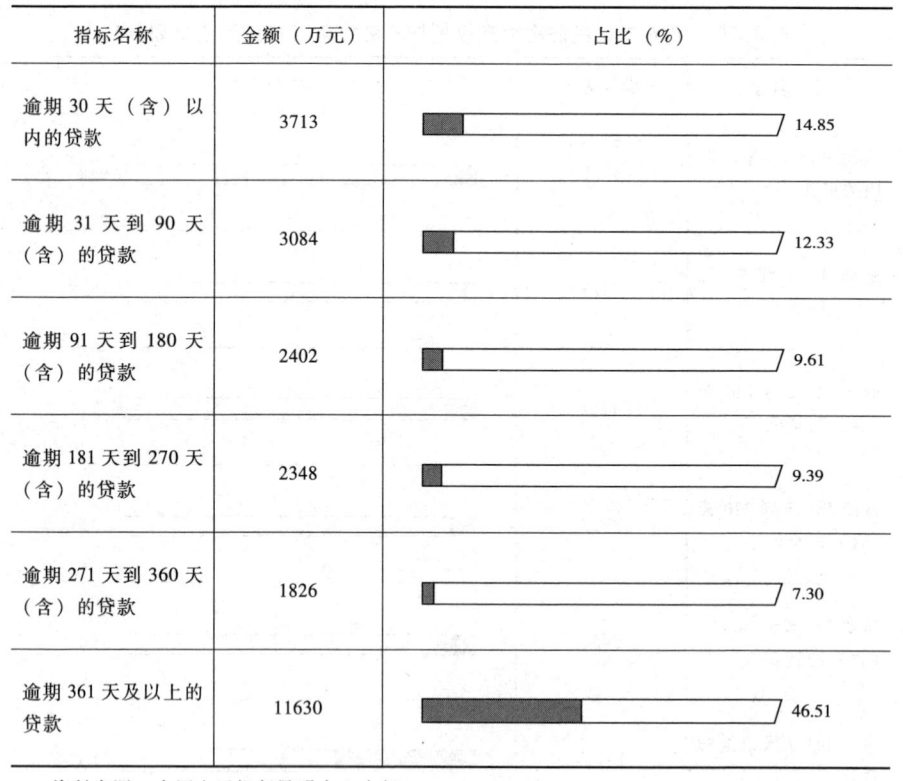

表5-30 2017年农民住房财产权抵押不良贷款(按逾期期限划分)

指标名称	金额(万元)	占比(%)
逾期30天(含)以内的贷款	3713	14.85
逾期31天到90天(含)的贷款	3084	12.33
逾期91天到180天(含)的贷款	2402	9.61
逾期181天到270天(含)的贷款	2348	9.39
逾期271天到360天(含)的贷款	1826	7.30
逾期361天及以上的贷款	11630	46.51

资料来源:中国人民银行昆明中心支行。

(三)农民住房财产权抵押不良贷款情况(按逾期期限划分):2018年

按逾期贷款统计口径,2018年云南省农民住房财产权抵押不良贷款余额为23882万元,其中逾期30天(含)以内的贷款有5954万元,占比为

24.93%；逾期31天到90天（含）的贷款有2200万元，占比为9.21%；逾期91天到180天（含）的贷款有2916万元，占比为12.21%；逾期181天到270天（含）的贷款有1978万元，占比为8.28%；逾期271天到360天（含）的贷款有2689万元，占比为11.26%；逾期361天及以上的贷款有8145万元，占比为34.11%。从数据来看，逾期361天及以上的贷款占比最高（见表5-31）。

表5-31 2018年农民住房财产权抵押不良贷款（按逾期期限划分）

指标名称	金额（万元）	占比（%）
逾期30天（含）以内的贷款	5954	24.93
逾期31天到90天（含）的贷款	2200	9.21
逾期91天到180天（含）的贷款	2916	12.21
逾期181天到270天（含）的贷款	1978	8.28
逾期271天到360天（含）的贷款	2689	11.26
逾期361天及以上的贷款	8145	34.11

资料来源：中国人民银行昆明中心支行。

（四）农民住房财产权抵押不良贷款情况（按逾期期限划分）：2019年

按逾期贷款统计口径，2019年云南省农民住房财产权抵押不良贷款有20659万元，其中逾期30天（含）以内的贷款有1332万元，占比为6.45%；逾期31天到90天（含）的贷款有2853万元，占比为13.81%；

逾期91天到180天（含）的贷款有2038万元，占比为9.86%；逾期181天到270天（含）的贷款有3082万元，占比为14.92%；逾期271天到360天（含）的贷款有1413万元，占比为6.84%；逾期361天及以上的贷款有9941万元，占比为48.12%。从数据来看，逾期361天及以上的贷款占比最高（见表5-32）。

表5-32 2019年农民住房财产权抵押不良贷款（按逾期期限划分）

指标名称	金额（万元）	占比（%）
逾期30天（含）以内的贷款	1332	6.45
逾期31天到90天（含）的贷款	2853	13.81
逾期91天到180天（含）的贷款	2038	9.86
逾期181天到270天（含）的贷款	3082	14.92
逾期271天到360天（含）的贷款	1413	6.84
逾期361天及以上的贷款	9941	48.12

资料来源：中国人民银行昆明中心支行。

（五）农民住房财产权抵押不良贷款情况（按逾期期限划分）：2020年

按逾期贷款统计口径，2020年云南省农民住房财产权抵押逾期不良贷款有13433万元，其中逾期90天（含）以内的贷款有2209万元，占比为16.44%；逾期90天以上的贷款有11224万元，占比为83.56%。

（六）农民住房财产权抵押不良贷款情况（按逾期期限划分）：2021 年

按逾期贷款统计口径，2021 年云南省农民住房财产权抵押逾期贷款有 13927 万元，其中逾期 90 天（含）以内的贷款有 3532 万元，占比为 25.36%；逾期 90 天以上的贷款有 10395 万元，占比为 74.64%。

（七）农民住房财产权抵押不良贷款情况（按逾期期限划分）比较：2016~2021 年

2016~2021 年云南省农民住房财产权抵押不良贷款情况有如下特点。一是农民住房财产权抵押不良贷款整体呈减少趋势。2016 年不良贷款为 36237 万元，2017 年为 25003 万元，2018 年为 23882 万元，2019 年为 20659 万元，2020 年为 13433 万元，2021 年为 13927 万元。从六年的变化来看，不良贷款总体呈减少趋势，只有 2021 年增加。2017 年比 2016 年减少 11234 万元，减幅为 31.00%；2018 年比 2017 年减少 1121 万元，减幅为 4.48%；2019 年比 2018 年减少 3223 万元，减幅为 13.50%；2020 年比 2019 年减少 7226 万元，减幅为 34.98%；2021 年与 2020 年相比，不良贷款增加 494 万元，增幅为 3.68%。二是农民住房财产权抵押不良贷款逾期结构有变化。从 2016~2019 年四年的情况来看，逾期 30 天（含）以内的贷款数量先增后减，逾期 361 天及以上的不良贷款数量有减有增。逾期 30 天（含）以内的贷款变化情况为：2016 年为 3581 万元，占当年云南省农民住房抵押不良贷款的 9.88%；2017 年为 3713 万元，占比为 14.85%；2018 年为 5954 万元，占比为 24.93%；2019 年为 1332 万元，占比为 6.45%。逾期 361 天及以上的不良贷款情况为：2016 年为 15044 万元，占比为 41.52%；2017 年为 11630 万元，占比为 46.51%；2018 年为 8145 万元，占比为 34.11%；2019 年为 9941 万元，占比为 48.12%。从 2020~2021 两年的情况来看，2020 年的逾期贷款为 13433 万元，其中，逾期 90 天（含）以内的贷款为 2209 万元，占比为 16.44%；逾期 90 天以上的贷款为 11224 万元，占比为 83.56%。2021 年的逾期贷款为 13927 万元，其中，逾期 90 天（含）以内的贷款为 3532 万元，占比为 25.36%；逾期 90 天以上的贷款为 10395 万元，占比为 74.64%（见表 5-33）。

表 5-33　2016~2021 年云南省农民住房财产权抵押不良贷款情况比较（按逾期期限划分）

年份	不良贷款（万元）	逾期30天（含）以内的贷款 金额（万元）	占比（%）	逾期31天到90天（含）贷款 金额（万元）	占比（%）	逾期91天到180天（含）贷款 金额（万元）	占比（%）	逾期181天到270天（含）贷款 金额（万元）	占比（%）	逾期271天（含）360天贷款 金额（万元）	占比（%）	逾期361天及以上的贷款 金额（万元）	占比（%）
2016	36237	3581	9.88	3813	10.52	4415	12.18	3928	10.84	5456	15.06	15044	41.52
2017	25003	3713	14.85	3084	12.33	2402	9.61	2348	9.39	1826	7.30	11630	46.51
2018	23882	5954	24.93	2200	9.21	2916	12.21	1978	8.28	2689	11.26	8145	34.11
2019	20659	1332	6.45	2853	13.81	2038	9.86	3082	14.92	1413	6.84	9941	48.12
2020	13433	—	—	—	—	—	—	—	—	—	—	—	—
2021	13927	—	—	—	—	—	—	—	—	—	—	—	—

资料来源：中国人民银行昆明中心支行。

第五节 云南省林权抵押贷款风险典型案例

一 云南鹤庆林权流转套贷案

(一) 案件基本情况

2012年1月16日,鹤庆县森工林业有限公司在云南大理鹤庆县注册成立,注册资本3万元,法定代表人林荔生,公司经营范围为林业资源培育、林业技术推广和建材零售。云南省鹤庆县曾是一个国家级贫困县,耕地少,林地多,位于云南西北部,在大理白族自治州北端。2011年鹤庆就开始了林地流转,到2016年全县范围内流转的林地面积达14万亩之多。鹤庆林地流转的特点是时间长、价格便宜,通常为30年,流转的价格为每亩每年3~5元。2015年,鹤庆县森工林业公司在鹤庆的草海镇里习吉村、金墩乡古乐村、磨光村、新庄村、西甸村,松桂镇宝窝村,西邑镇奇峰村及水井村,流转林地20767.1亩,办理林权证8本,流转期限为30~50年,流转价格为每亩每年3~5元。然而,鹤庆县森工林业有限公司流转林地并非为了经营,虽然名义上经营范围是林业资源培育、林业技术推广和建材零售,实际上流转林地是为了拿到林权证,最终是为了达到向银行办理抵押贷款的目的。鹤庆县森工林业有限公司正是以收集来的26000多亩林地的林权证作为担保,从福建莆田中信银行申请了3亿元的贷款。该公司得到银行贷款后,却一直没有履行承诺,没有将资金用于当地林业开发,也并未雇佣当地贫困农户开展林地生产经营活动,由此案发。2016年7月17日该事件被中央电视台《焦点访谈》专门报道,引起了社会各界的高度关注。

(二) 案件分析

1. 存在的主要问题

(1) 林权流转主要为"囤林""炒林"而并非用于从事与林业相关的生产经营活动。林权流转的最终目的应该是开发林业资源,增加林农收入，解决贫困地区贫困人口的脱贫问题，但在云南鹤庆并非如此。据云南法制网 2016 年 7 月 14 日《林权流转缘向"卡壳"》一文，2010 年至 2016 年，鹤庆县共办理林权流转 725 户 1365 宗 157063.28 亩，在县内金融机构办理林权抵押贷款 4007 万元。林地转入方多为在鹤庆县注册的空壳公司（只发生林权流转业务，不发生其他生产经营业务）。除了鹤庆县森工林业有限公司外，还有大理森地源生态科技有限公司、大理市玉荣农业发展有限公司等 9 家企业涉及这些业务，这些企业转入林地面积达 130237.06 亩，而未从事与林业相关的生产经营和产业开发的流转林地占流转林地总面积的 82.92%。

（2）林权证收购价格很低。林权转让的价格最便宜是一亩 30 年 90 元，平均每亩每年 3 元，最高的是一亩 30 年 150 元，即平均每亩每年 5 元，如此低的收购价格，农民的损失不言而喻。

（3）林权证变成了套贷工具。2014 年，鹤庆县森工林业有限公司利用 26000 多亩林地的林权证，从福建莆田中信银行融资 3 亿元。大面积、大规模低价收购林权证是为了用林权证办理抵押贷款，林权证成了不法分子的套贷工具。

2. 原因分析

（1）有章不循。关于林权流转云南省各级政府都有相关规定[①]，但在具体操作中相关流转方并没有按规定严格进行。从此案中可以看出，林权流转方绕过县、乡人民政府和林业部门，经中间人撮合直接接触林农，而且在林权流转中用途不明确、目的模糊、隐瞒事实。在林权证被大量收集在流转方手中后，即使林农不同意流转，也无法收回林权证。

（2）监管缺位。国家林业局虽出台了《关于进一步加强集体林权流转管理工作的通知》（林改发〔2013〕39 号），但相关规定不明确，对"资

[①] 《云南省集体林权流转管理操作办法（试行）》中对农村集体经济组织的林地使用权的流转程序和森林资源审批权限都有明确规定。流转程序是：一是召开农村集体经济组织成员村民会议，选举产生流转工作小组；二是流转工作小组拟订并公布流转方案；三是召开本集体经济组织成员村民会议，讨论通过流转方案；四是签订流转合同，办理林地权属变更登记手续。对森林资源审批权限也有规定：流转面积在 100 公顷以下的由县级林业行政主管部门审批；流转面积在 100 公顷以上 500 公顷以下的由州（市）林业行政主管部门审批；流转面积在 500 公顷以上的由省林业行政主管部门审批。

本炒作或炒林现象""恶意囤积林地"的具体界定不清，在实际林权流转过程中难操作、难评定，各地难以统一适从，也难以出台具体细则。一旦发生此类情况，相关部门或人员会显得束手无策。《云南银行业林权抵押贷款管理暂行办法》第 25 条规定"林权抵押贷款适用于从事与林业相关的生产经营和产业开发，农业及其他生产、生活等各种合法领域的资金需要"。对此，可以理解为只要是"合法领域的资金需要"，都可以用林权进行抵押贷款。不法分子钻了这一空子，披上"合法"的外衣，拿到贷款，最后贷款得到的资金实质上或绝大部分并非用于对林业及林地的投入和开发。

（三）林权套贷带来的风险

1. 林农权益受到损害

信息不对称使流转方占有利地位，因此在林权流转中普遍存在着"面积过大、期限过长、价值过低"现象，有的村一次性流转上千亩甚至上万亩林地，流转期限长达 50 年，价格最低为每亩每年 3 元，林农损失很大。

2. 集体森林资源严重流失

林权流转和租赁基本没有经过有一定资质的权威的资产评估机构等的评估，此过程中也存在与地方政府和村干部等利益主体"合谋"问题，由此导致以过低价出让林地，广大林农和村集体受到严重损失。

二 云南临沧林权抵押骗贷案

云南临沧林权抵押骗贷案也是被中央电视台《焦点访谈》报道的一个案例。该案件发生在云南省临沧市，属于典型的林权骗贷案。临沧市在云南西南部，与缅甸接壤，曾属于重点贫困地区，林业资源较为丰富。因此，当地政府扶贫工作的主要措施之一就是利用和开发林业资源，带动山区百姓致富。临沧市政府也很重视招商引资工作，泛华林业投资发展有限公司由此被引入。

（一）案件基本情况

2010 年 10 月，泛华林业投资发展有限公司成立，注册资本 4.5 亿元，经营范围包括林业种植、砍伐和林产品加工。2015年，泛华林业投资发展有限公司承租了临沧市30余万亩国有林地，每年一亩林地的租金是3元，承租期限为70年，林地租金一年一付。拿到林权证和土地证后，泛华林业投资发展有限公司便向中国工商银行临沧分行申请抵押贷款，中国工商银行临沧分行向其发放了4.8亿元的贷款。随后，泛华林业投资发展有限公司在临沧建起了一家板材生产线。然而该公司在开工仅仅120天后便停产。截至停产，该公司各类资金加上银行贷款共计约10亿元不知去向。另据《焦点访谈》节目组调查，泛华林业投资发展有限公司的注册资金在公司注册20天后就被抽走了。

（二）案件分析

1. 存在的主要问题

一是国有林权违规流转。"各类国有森林资源在国家没有出台流转办法前，一律不准流转"，这是2007年国家林业局在《关于进一步加强森林资源管理 促进和保障集体林权制度改革的通知》中的明确规定。临沧市林业局将市属国有森林资源流转给泛华林业投资发展有限公司，并与其签订承包合同，这种做法明显违反了国家相关政策的规定。这一明显的违规做法，为日后发生的风险埋下了隐患。

二是林权证违规发放问题。"国有森林资源的流转，在国务院未制定颁布森林、林木和林地使用权流转的具体办法之前，受让方申请林权登记的，暂不予以登记"，这是国家林业部门的相关规定，而临沧市林业局给予泛华林业投资发展有限公司办理林权变更登记并发放林权证的做法显然属于违规。如果将有问题的林权证用于抵押贷款，受益人无疑是借款人，而相关林业局却是风险承担者。

三是土地证问题。林权抵押贷款，除了提供林权证以外，还要提供土地证。我们已知林权证是有问题的，一方面，国有森林资源不能转让，但临沧市林业局将市属国有森林资源流转给泛华林业投资发展有限公司，这种做法是违规的；另一方面，临沧市林业局给泛华林业投资发展有限公司办理林权变更登记并发放林权证的做法也是违规的。其实泛华林业投资发展有限公司用于抵押贷款的土地证也是有问题的。银行拿到的是有问题的土地证，因而无效，无法用来抵债。

四是对抽逃注册资金的处理不当。工商部门对泛华林业投资发展有限公司抽走注册资金这一行为的处理不当。据《焦点访谈》的调查，泛华林业投资发展有限公司的注册资金在企业注册 20 天后就被抽走了，抽逃注册资金，违反了工商管理相关规定和《公司法》，临沧市工商部门却没有向司法机关报案。

五是林权抵押贷款审核不严谨。中国工商银行临沧分行在审核贷款时，显然也没有把好审核关，没有进行深入调查与核实。

2. 金融风险特征

一是银行贷款损失巨大。临沧是相对贫困地区，当地政府为发展地方经济在招商引资过程中急于引进旗舰企业，在项目审批、金融信贷方面大开绿灯，疏于对引进企业的监管。同时，泛华林业投资发展有限公司深谙贷款之道，从最初向工商部门缴纳巨额注册资金到林权证、土地证的获取，为获取贷款，其所有行为在初期均"身披合法外衣"。泛华林业投资发展有限公司成立后，共向临沧金融机构贷款 9 亿元，其中向中国工商银行临沧分行贷款高达 4.8 亿元。其贷款支出共计 3 亿元左右，估计转移银行贷款 6 亿元左右，约占临沧市 2015 年全年新增贷款（54.8 亿元）的 11%。由于企业用于抵押的土地证的取得不合法，企业注册资金和账上资金已被全部转移，追缴回来的可能性较小，如企业最后破产，必将影响抵押权利的行使，为当地金融机构增加巨额不良贷款。

二是银行疏于贷前风险管理。据《焦点访谈》的报道，中国工商银行临沧分行称泛华林业投资发展有限公司提供的林权证和土地证有第三方评估机构的评估证明。银行在贷款过程中对所谓的大企业只看是否符合信贷政策、贷款所需材料是否完整，在贷款发放前缺少对企业的实地考察和对抵押物及权利凭证的综合评估，在贷款发放后疏于对企业资金流水的实时监测和管理，客观上为企业骗贷提供了可乘之机。

第六章

全国试点地区农村"三权三证"抵押贷款风控做法及启示

他山之石,可以攻玉。本章拟列出国内其他试点地方的有效做法及经验,为云南省农村"三权三证"抵押贷款的推进及风险控制(简称"风控")机制的建立提供借鉴。

第一节 国内试点地区农村"三权三证"抵押贷款的风控做法

一 土地经营权抵押贷款的风险防控

(一)宁夏同心的做法

宁夏吴忠市同心县曾是国家重点扶持开发的一个贫困县。由于缺乏有效抵押物,当地农民贷款难问题非常普遍。从规定来看,农村四荒地可以抵押,但当地气候干旱,四荒地的价值不大,并无法用来抵押。2006年,宁夏同心县农村信用合作联社开始尝试土地经营权抵押贷款,最初选择了8个村进行试点,每亩地贷款额不超过3000元,共发放了150万元贷款,涉及750户农户,到2009年就发展到58个村,农户达4883户,贷款额也高达4400多万元。如果出现到期不能还款的情况,农户的承包地便由村里的土地抵押协会暂时托管。到2018年8月,同心县农村金融机构已为10509户农户及10家农村企业发放了2.2万笔土地经营权抵押贷款,贷款金额达 6.9 亿元。其主要做法包括以下几方面。

1. 思想上高度重视

2015 年 12 月，宁夏同心县被列为全国农村承包土地经营权抵押贷款试点地区。为此，同心县专门成立了由县长任组长，县财政局等 17 个部门为成员的试点工作小组。试点工作小组经常研讨论证相关实际问题，以达成共同意见，逐步解决一些难题。

2. 做好基础工作

中国人民银行同心县支行牵头组织制定工作方案、贷款登记办法及经营权处置流转管理办法，同心县政府组建了农村产权流转服务中心，负责农村承包土地经营权的颁证、流转、评估及抵押登记等工作。截至 2017 年末，该县共颁发农村承包土地经营权证 5.06 万本，确权颁证面积达 118 万亩，确权颁证率达 97.6%。

3. 设立产权抵押贷款风险补偿基金

发放土地经营权抵押贷款，风险问题是放贷银行最主要的后顾之忧，为解决这一问题，宁夏同心县专门设立了农村产权抵押贷款风险补偿基金。当抵押物处置不足以还贷，放贷银行债权无法完全实现时，农村产权抵押贷款风险补偿基金则会以一定的比例补偿，对放贷银行来说风险有了补偿，借款人的资金就有了着落。

4. 创新放贷方式

为了降低贷款风险，同心农村商业银行（由同心县农村信用合作联社改制而来）及宁夏银行同心支行创新贷款方式，如采用"农地承包经营权反担保"、"农地承包经营权+抵押" 以及 "公司担保+农地承包经营权"等方式。贷款方式的创新，一方面解决了农户贷款难的问题，另一方面也在一定程度上有效控制了银行的贷款风险。

（二）山东寿光的做法

山东寿光市第一笔农村承包土地经营权抵押贷款发生在 2008 年 4 月，当时有 6 家农户分别得到 10 万元的贷款。手续简单、方便，时间也短，贷款从申请到批下来，只用了一个多星期，利率也比一般贷款利率优惠 20%。2015 年底，寿光被列为全国农村承包土地经营权抵押贷款试点地区。2016年，寿光发放农村承包土地经营权抵押贷款271笔，贷款额达1.96亿元，累计支持11690亩土地规模的农村承包土地经营权抵押贷款，有效破解了农村融资难题。其主要做法主要包括以下几方面。

1. 做好基础工作

山东寿光所做的基础工作主要是对贷款对象进行全面了解。土地经营权抵押贷款的贷款对象是谁？寿光相关政府部门对全市农业龙头企业、农民合作社、家庭农场及种养大户进行了全面摸底调查。

2. 设立风险补偿基金

对贷款风险问题，寿光市专门设立了农村土地经营权抵押贷款风险补偿基金，并规定风险补偿基金按新发放贷款金额的3%提取，对开展土地经营权抵押贷款的银行按业务平均新增贷款额的1.5%给予风险补偿或奖励。

3. 成立融资担保公司

寿光市金政融资担保有限公司于2012年12月20日在寿光市场监督管理局登记成立，经营范围包括贷款担保、票据承兑担保、贸易融资担保及项目融资担保等。

4. 充分利用保险机制

一是利用政策性农村保险，引导各类农业经营主体参加政策性农业保险，保费由各级财政补贴。二是在发放贷款时引入了贷款保证保险机制，规定保费不高于贷款本金的3%。

5. 建立抵押物回购机制

寿光市鼓励有条件的村建立抵押物回购机制，帮助借款人赎回抵押物。

（三）陕西高陵的做法

2008年，陕西高陵就开始筹备农村土地经营权抵押贷款试点工作，2010年首次发放这一贷款，首批共有5户农民获得29万元贷款。

2015年底，高陵区被列为全国"两权"抵押贷款试点区。截至2018年8月，高陵区农村金融机构累计发放土地经营权抵押贷款588笔，共计18290.07万元。其主要做法包括以下几方面。

一是打造风控链条。早在2010年,高陵区就启动了承包土地经营权抵押贷款试点工作。2016年,在多年探索的基础上,高陵区出台了"三个基金、六个办法",主要集中在贷款风险补偿、贷款风险管理和不良贷款处置管理,形成了事前风险防范、事后风险补偿及抵押物处置等方面的完整的风险控制链条。

二是打造"安全阀"。高陵区除成立了融资担保公司——三阳农村产权融资担保公司(由西安市、高陵区财政共同出资建立)外,还建立了农村产权融资担保风险补偿基金。

三是参加政策性保险。为了分担贷款风险,高陵区要求区内的种植、养殖大户,家庭农场等各类农业经营主体参加政策性保险。

四是成立农村产权交易服务中心。农村产权交易服务中心的主要职能是信息发布、政策咨询、纠纷仲裁及办理抵押贷款手续等。

五是建立民生保险保障体系,织起应对自然灾害和意外事故的保障网。

(四)土流网[①]的土地经营权抵押贷款风控的做法

土流网的土地经营权抵押贷款风控做法的实质是互联网+银行+保险"三位一体"的农地金融风控模式。土流网联合银行、保险公司三方合作形成了农村金融的风险闭环。土流网设置了交易平台、服务连锁、数据中心和金融服务四个板块,交易平台和服务连锁当中产生的数据都注入数据中心,基于数据中心进行土地金融服务。其具体做法是农民首先向银行提供贷款申请,银行收到申请以后,委托土流网做前期的资产评估,银行会把所提供的征信数据和土流网提供的评估报告一并提供给保险公司,保险公司会对其做进一步的资产征信评估和调查,最后提供一个保险函,当农民拿到这个保险函以后,银行就会放款。出现坏账时,银行向保险公司申请理赔,保险公司把土地处置权转给土流网,流转出去的费用首先赔偿给保险公司和银行,土流网也会收取一定的费用,如果产生溢价,土流网会返还给农民,当处置的转包期满以后,土地的经营权自动转回给农民。

---

① 土流网是发布土地流转信息的大型门户网站。

目前这一模式试点在新疆及湖南进行。2014年湖南省各级政府、银行、保险公司联合提供了2200万元左右的支持，岳阳市政府还发了公函。2015年在汉寿县做试点，湖南地区相关银行提供了5000万元左右的信贷支持。土流网的优势，第一个是估价相对精准，交易期间产生的所有数据都被发送土流网的数据中心，这些数据是土地估价的基础；第二个是资产处置迅速，土流网对不良资产可以做到迅速处置。

二 林权抵押贷款的风险防控

（一）浙江丽水的做法

1. 打造风控平台

丽水风控平台的建设对推进林权抵押贷款试点工作起到了积极作用。风控平台主要体现在"三中心一机构"。"三中心"是指林权管理中心、森林资源收储中心及林权交易中心，其中森林资源收储中心又下设林权担保基金，为林权抵押提供担保。"一机构"即森林资源调查评估机构。

2. 创立村级互助担保组织

贷款除了抵押外，往往还有担保问题。担保问题怎么解决？丽水探索的"林业部门转移到村一级处置"机制解决了这一问题。2013年，浙江丽水就开始探索村级互助担保。2014年3月26日，丽水成立了全国第一家村级担保组织——惠农担保合作社。截至2016年8月底，全市建立的村级互助担保组织有168家，累计为农户提供了7662笔贷款，共计7.87亿元，不良贷款率为零。

丽水创立的村级互助担保组织有四种形式，一是以村为单位设立基金。基金筹集的方式是"村民入一点、集体出一点、能人助一点、政府补一点"。在为农户提供贷款担保的同时，农户也以林权、农房及土地经营权等作为反担保。二是以合作社为单位设立基金。由专业合作社主要股东及社员共同出资设立的担保基金，为农户小额贷款提供担保服务。三是以村为单位设立村级担保组织，而非设立担保基金。有些行政村集体经济比较薄弱，因而由村"两委"牵头，以村"两委"成员与村内有一定经济实力的村民代表共同组建村级担保组织。四是以产权预期收益设立的担保基金。比如以公益林未来补偿收益及村级股权等预期收益为质押成立村级担保基金，与金融机构合作，为农户提供融资担保。与此同时，农户借款人向村集体提供宅基地、农房及林地等农村产权作为反担保。

村级互助担保的特点之一是所担保贷款基本上是小额资金贷款。在丽水为农户提供担保的 7662 笔，总金额为 7.87 亿元的贷款中，单笔最大金额为 20 万元，最小金额为 2 万元，平均每笔贷款为 10.27 万元。这实际上是一种小额担保，有利于分散担保风险，出现不良贷款时也容易处置。有了自己的担保组织，村民有贷款需求，只需要每年缴纳担保贷款金额 1.68% 的手续费，用林权作为反担保物即可，不用再找人做担保，即使出现不良贷款也可在村内实现流转。

3. 完善农村信用体系

林权抵押贷款是一项系统工程，其中信用体系的建设不可或缺。2010 年，丽水推出了农村信用信息服务平台，建立了市、县两级联网的农户信用信息数据库。目前，丽水市行政村信用评价已实现全覆盖，所有农户信用信息全部记录在库，为银行金融机构了解农户信用信息提供了方便。

4. 推广使用"林权 IC 卡"

"林权 IC 卡"的功能是查询所承包的山林的位置、地形地貌、面积、林木蓄积及山林价值信息等。有了"林权 IC 卡"可直接办理林木采伐、林权抵押及林地流转等。目前，"林权 IC 卡"已在丽水全市推广使用。

（二）福建武平的做法

1. 成立林权服务中心

福建武平林权服务中心的业务范围主要涉及森林资源资产评估、林权收储担保、林权流转交易、林业信息服务及林权抵押贷款服务等。

2. 设立收储担保基金

福建武平设立收储担保基金，当所担保的贷款出现不良情况时，实行"先代偿、后处置"的做法。这一做法解除了金融机构的后顾之忧，调动了金融机构开办林权抵押贷款的积极性。

3. 成立村级担保合作社

担保下沉到最基层，让农民自己解决自己的问题。2015年，武平县出台了《武平县农村林权抵押贷款村级担保合作社管理办法（试行）》（武政办〔2015〕159号），并组织城厢镇园丁村开展试点工作。2015年12月21日，武平县成立了林权抵押贷款园丁村村级担保合作社。在该合作社的担保下，武平杭兴村镇银行为首批8户林农办理了150万元的贷款。

（三）广西田东的做法

1. 成立农村产权交易中心

农村产权交易中心的主要职能是信息发布、产权交易鉴证、产权抵押贷款鉴证、农村资产评估、银行不良资产处置及政策法规咨询等。

2. 加强贷款风险防范

为控制风险，放贷银行主动做好贷款风险防范工作，明确贷款对象、贷款条件、操作程序、贷款用途、期限及利率等问题，同时做好贷前、贷时及贷后工作。在贷前，实地查看，准确测定；在贷时，实行审贷分离、独立审批；在贷后，现场检查，跟踪记录。

三 农民住房财产权抵押贷款的风险防控

（一）浙江义乌的做法

1. 建立宅基地基准地价体系

浙江义乌建立了一个覆盖每个村庄的宅基地基准地价体系。整个宅基地基准地价体系分为九大均质区片，区片价格从最高的25870元/平方米到最低的2870元/平方米。宅基地基准地价体系为宅基地的有偿使用及转让提供服务。宅基地基准地价体系，方便了银行，也保障了借款人的利益。例如在义乌北苑街道黄杨梅村有一户人家，在基准地价体系出台前，去银行申请贷款，126平方米的宅基地加上3间半房产只申请到了30万元的贷款。有了宅基地基准地价体系后，他家的宅基地被列到第三档宅基地基准地价，还是原来126平方米的宅基地，还是那3间半房产，根据第三档宅基地基准地价，被评估出300万元的价值。该户第二次去贷款，中国农业银行义乌支行按六折算，贷给该户180万元。

2. 探索理论与制度创新

当已有的理念、理论及制度不足以解决当下出现的新问题时，创新也就会成为必然。2015年3月，义乌被列为全国农村土地制度改革试点地区；2015年4月，义乌在全国率先提出农村宅基地所有权、资格权、使用权"三权分置"的制度体系设计。目前义乌已在宅基地的取得置换、产权明晰、抵押担保、入市转让、有偿使用、自愿退出及民主管理等七方面进行了制度创新。

（二）福建晋江的做法

1. 做好基础工作确权颁证

确权颁证是发放农民住房财产权抵押贷款最基础的工作，加快对宅基地及房屋的确权登记及颁证是福建晋江首先着力开展的工作。

2. 健全农村资产评估体系

一是鼓励通过协商确定及中介机构评估等方式推进农民住房财产权价值评估；二是探索制定农房价值评估基准价格，供金融机构放贷参考；三是规范农民住房财产权评估机构的业务。

3. 建立健全抵押物流转处置机制

一是结合不动产登记，福建晋江建设了"一中心一平台"，即农村产权交易中心和产权交易系统平台；二是探索农村房屋收储机制，在村集体内部处置流转。

4. 完善风险分担补偿机制

将农村房屋抵押贷款所产生的贷款损失列入农业贷款风险补偿专项资金补偿范围。风险补偿基金和受偿银行按5∶5承担风险，并按损失类贷款余额的30%给予补偿，单户补偿最高不超过30万元。同时，建立风险金叫停机制。

第二节　国内各试点地区风控做法的启示

一　银行必须加强信贷风险管理

（一）加强全过程风险管理

农村"三权三证"抵押贷款是信贷制度创新，也是放贷银行全新的业务，鼓励银行开展以"三权三证"为核心的用益物权抵押贷款，最先也是最需要解决的是风险损失问题。作为政府力推的重大改革，放贷银行不可能承担全部贷款损失，也不应该由放贷银行承担全部贷款损失。以农村"三权三证"为主体的农村用益物权抵押贷款作为当前农村金融改革的重大举措，其首先要面对的是风险问题，而风险问题的解决则需要政府与银行共同努力。在这里必须要清醒地看到，在"三权三证"抵押贷款中，放贷银行是风控主体，是贷款风险最重要的管理者，是首要责任人，而其他主要参与者尤其是政府也必须承担一定责任，因而是风险的分担者。银行作为贷款风险的直接管理者，要对贷款的全过程进行管理，包括贷款受理与调查、风险评估、贷款审批、合同签订、贷款发放、贷款支付、贷后管理及贷款回收与处置，每一环节都要主动参与，每一环节的风险都要认真管理与防范。只有这样，全过程风险管理体系才能建立起来，也才能做好对风险的有效防控。

广西田东的做法很有启发性意义，他们对银行贷款风险防范从明确贷款对象开始，对贷款条件、操作程序、贷款用途、期限及利率都有明确规定，并且在贷前做到实地查看、准确测定；在贷时做到审贷分离、独立审批；在贷后进行现场检查及跟踪记录。银行从接受借款申请开始，所经过的所有程序包括贷款受理与调查、风险评估、贷款审批、合同签订、贷款发放、贷款支付、贷后管理及贷款回收与处置，每一个环节都有可能出现风险，每一个环节都有隐患，因此每个环节都是对放贷银行都是重要考验。实践经验已经证明，银行贷款中任何一个环节的粗心大意，任何一个环节的疏忽、不经意、不仔细，都有可能留下隐患，因此银行需要尽心尽职尽责，才能将风险控制在萌芽状态。因此，对农村"三权三证"抵押贷款，银行必须加强整个过程所有环节的风险管理，筑起贷款风险的第一道"藩篱"。

（二）创新贷款方式

贷款方式创新也是放贷银行防范贷款风险的重要途径，农村"三权三证"抵押贷款试点确实面临着较大风险，一些银行为控制贷款风险，在发放土地经营权抵押贷款时，除了用土地经营权抵押外，还要求其他形式的抵押或担保，也就是采取组合担保方式，如宁夏同心农村商业银行和宁夏银行同心支行均采用这一类方式，包括"农地承包经营权反担保"、"农地承包经营权+抵押"及"公司担保+农地承包经营权"等，这些贷款方式的创新，一定程度上有效控制了银行贷款风险。

二 政府应设立"两个基金"

政府设立风险补偿基金是解决放贷银行、担保机构后顾之忧的有效方式，具有很强的帮扶指导作用。从各地试点做法来看，政府一方面助推土地经营权抵押贷款、农民住房财产权抵押贷款及林权抵押贷款的试点工作，另一方面也拿出真金白银设立风险补偿基金。这类基金主要有两种：一种是针对放贷银行抵押贷款出现风险损失后的风险补偿；另一种是针对担保公司的担保代偿风险补偿。

（一）农村"三权三证"抵押贷款风险补偿基金

政府设立农村"三权三证"抵押贷款风险补偿基金，主要用于补偿银行业金融机构"三权三证"抵押贷款风险损失，这是开展"三权三证"抵押贷款试点地区的普遍做法，如宁夏同心、山东寿光及陕西高陵等都建立了风险补偿基金。发放农村"三权三证"抵押贷款，当抵押物处置不足以还贷，银行债权受影响时，风险补偿基金就会按一定的比例进行补偿，对放贷银行来说风险有了补偿，对于借款人来说贷款成功率也大大提高。风险补偿基金的来源除了财政拨款外，也有其他专项资金，比如福建晋江建立的风险补偿机制是将农村房屋抵押贷款所产生的贷款损失列入农业贷款风险补偿专项资金。

（二） 融资担保代偿风险补偿基金

一旦代偿资金收不回来，给担保公司带来的就是损失。如果代偿损失得不到补偿，担保公司的担保代偿就会非常谨慎。在林权抵押贷款风险补偿方面，试点地区普遍设立了融资担保机制，但在做法上各有不同。福建武平的做法是成立收储担保基金，在所担保的贷款出现不良情况时实行"先代偿，后处置"；陕西高陵设立了农村产权融资担保风险补偿基金。虽然形式上有所不同，但目的都一样，即解决融资担保机构的代偿风险问题。

农村"三权三证"属于弱抵押和弱流动性资产。从各地试点情况看，在贷款中，除了用"三权三证"单一抵押外，往往还附带有其他担保，要么担保公司提供担保，要么专业合作社、信托机构、财政资金、保险公司等提供担保，目的都是再加一个砝码，提高安全系数。在单一的弱抵押资产不足以成为贷款有效抵押物，还需要其他附加物及附加条件时，专业性的担保机构提供的担保及担保代偿服务，可以大大降低贷款风险管理的成本。

近年来，担保代偿率的上升给担保业带来了很大风险，影响了担保机构开展担保及担保代偿服务的积极性。以重庆兴农融资担保集团有限公司为例，《重庆兴农融资担保集团有限公司2018年主体信用评级报告》提及，该公司担保代偿规模较大，而累计代偿回收情况较差。2017年该公司新增代偿金额2.95亿元，截至2017年末公司累计代偿金额13.46亿元，同比增长28.07%，累计代偿回收率只有17.38%。

当前，为支持与鼓励商业性融资担保机构提供担保及担保代偿服务，全国多地出台商业性融资担保机构担保代偿损失风险补偿办法，如山东省出台《中小微企业融资担保代偿补偿资金管理办法》、上海市出台《商业性融资担保机构担保代偿损失风险补偿办法》、江苏省设立融资担保代偿补偿资金池、安徽省财政厅印发《安徽省省级融资担保风险补偿专项基金管理暂行办法》。

融资担保及担保代偿风险补偿机制是农村"三权三证"抵押贷款的重要组成部分。有了融资担保机构的担保，有了融资担保机构担保代偿损失的风险补偿，农村"三权三证"抵押融资制度将会得到更有力的推进。

三 融资担保机构开展担保及代偿业务

（一）政府性融资担保公司开展担保及代偿业务

试点地区大多成立了融资担保公司，如陕西高陵成立了三阳农村产权融资担保公司，山东寿光也成立了融资担保公司——寿光市金政融资担保公司，担保公司的经营范围涉及贷款担保、票据承兑担保、项目融资担保等。这些融资担保公司有一个共性就是都有政府性资金的参与。

（二）村级互助担保组织开展担保及代偿业务

在农村最基层建立村级互助担保组织是最为有效的经验做法之一。长期以来，一提到担保公司，人们就会想到各种"高、大、上"的大多设在大中城市的担保公司，但"远水不解近渴"，在农村尤其是偏远山区，农民离这些担保公司的距离较远，很不方便，信息不通，也很容易出现信息不对称与道德风险。浙江丽水建立的农民自己的村级互助担保组织，就很有意义。农民只需要缴纳一定的手续费，当有贷款需求时，就可申请贷款，无须再找人或担保公司进行担保。而且，很重要的一点是即便出现不良贷款也可在村内实现流转，非常方便。与丽水一样，在福建武平也成立了村级担保合作社——园丁村村级担保合作社。本研究认为，浙江丽水及福建武平建立的村级互助担保组织是一个很好的、可行的做法，但由于村级互助担保通常只能满足小额资金需求，如浙江丽水、福建武平等已成立的村级担保互助组织，他们的资金规模都比较小，担保基金一般为20万~60万元，大额贷款的担保无法胜任。但对于农民而言，足不出村就能够在一定程度上解决其部分贷款需求，这也不失为一种简便可靠的办法。

四 保险公司开办农村保险业务

（一）保险公司开办政策性农村保险

农业容易受自然灾害的影响，气象灾害、生物灾害及地质灾害不同程度地影响着农业。自然灾害对种植、养殖等农牧业生产所造成的风险往往不可控。农业和农村经济的发展，离不开农业保险的支持和保障。为了分担贷款风险，陕西高陵区要求种植、养殖大户及家庭农场等各类农业经营主体参加政策性保险。山东寿光也是积极引导各类经营主体参加政策性农业保险，保费由各级财政补贴。

（二）保险公司开办贷款保证保险

贷款保证保险是指以借款人信用风险为保险标的的保险。贷款保证保险的被保证人指的是借款人，它在保证保险中作为投保人，通常是保费的缴纳者，受益人是债权人，在贷款保证保险中指放贷金融机构。山东寿光在发放土地经营权抵押贷款时引入贷款保证保险机制，并规定保费不能高于贷款本金的3%。贷款保证保险有助于保障信贷资产的安全，通过银行、借款人及保险公司三方合作，防范放贷银行贷款风险，保障银行信贷资产的安全。

五 应加强完善其他配套工作

（一）抓好基础性工作

农村"三权三证"抵押贷款最基础性的工作就是"三权三证"的确权、登记与颁证。这是银行开展抵押贷款的前提条件。这个工作做不好、不到位、有问题，就会影响后续工作的推进及质量。

（二）抓好服务体系建设

1. 成立农村产权交易服务中心

农村产权交易服务中心主要负责农村土地经营权的流转、评估及抵押登记工作，此外还负责信息发布、政策咨询、纠纷仲裁、抵押贷款手续的办理及银行贷款不良资产或相关抵押物的处置等，对于"三权三证"抵押贷款的正常开展尤其是对贷款出问题后抵押物的处置具有十分重要的作用。

2. 建立宅基地基准地价体系

建立宅基地基准地价体系是浙江义乌的做法。浙江义乌建立了一个覆盖每个村庄的宅基地基准地价体系。该地价体系包含九大区片，每个区片的地价动态变化，这不仅能让居住在片区的农户了解自己房屋所在地的价值与价格，也给银行发放贷款提供了很大便利，这一做法值得推广。

3. 建立农村资产评估体系

在转让、交易抑或抵押贷款时，土地或是宅基地价值的评估极为重要，为此必须要建立健全农村资产评估体系。福建晋江的探索值得借鉴：一是采用协商确定及中介机构评估的方式确定农民住房财产权的价值；二是制定农房价值评估基准价格，方便放贷银行使用；三是规范评估机构的业务。

4. 建立农村产权收储机制

对贷款抵押物的处置是放贷银行最为关心的问题。福建武平和浙江丽水的农村产权收储机制值得学习，既缓解了借款人的债务压力，也增强了金融机构参与农村产权改革的积极性，有助于形成农村"三权三证"抵押贷款的良性循环发展。

5. 完善农村信用体系

农村信用体系是社会信用体系的重要组成部分，也是各项农村经济金融改革的重要保障，应充分运用大数据、互联网、金融科技与区块链等现代新科技、新技术，为银行金融机构全面了解借款人信用信息提供系列延伸服务，为农村金融市场参与者提供更广泛、更便捷、更高效的服务。

第七章

云南省农村"三权三证"抵押贷款风控"双机制"构想

农村"三权三证"抵押贷款风险控制问题的解决,有利于促进以农村"三权三证"为主的农村用益物权抵押贷款制度的建立与完善。从云南试点情况来看,制约农村"三权三证"抵押贷款制度推进的三因素之一是风控机制不健全。本章主要提出云南省农村"三权三证"抵押贷款风控"双机制"的构建设想。

第一节 云南省农村"三权三证"抵押贷款风控机制构建基本思路及主要原则

一 基本思路

农村"三权三证"抵押贷款是一项重大的农村金融制度,是复杂的社会系统工程。从表面上看,农村"三权三证"抵押贷款是农村金融问题,是银行金融机构的事情,实际上涉及的主体众多,不仅有金融机构、农户,还有政府、担保公司及保险公司等各类市场主体。本研究认为,云南省建立农村"三权三证"抵押贷款风控"双机制"的基本思路应主要从四个方面着手。

(一) 明确农村"三权三证"抵押贷款风险防范主体

贷款银行是农村"三权三证"抵押贷款风险防范主体。银行开展农村

"三权三证"抵押贷款业务如同其他贷款业务一样,做好风险防范工作始终都是银行工作的重中之重。因此,放贷银行既是业务运作主体,也是风险控制主体。

(二) 明确农村"三权三证"抵押贷款分险主体

农村"三权三证"抵押贷款风险分担主体为银行、政府、保险公司及担保公司。一是银行,银行是农村"三权三证"抵押贷款业务的主办者,同时也是风险防范主体和风险分担主体。二是政府,政府是农村"三权三证"抵押融资制度的力推者,商业性金融机构开展农村"三权三证"抵押贷款业务需要政府的鼎力支持及风险分担。三是保险公司,保险公司必须成为农村"三权三证"抵押贷款的重要分险主体。四是担保公司,担保公司的基本职能是融资担保增信及代偿,在农村信贷服务中发挥着重要作用,也应成为农村"三权三证"抵押贷款的重要分险主体。

(三) "银政保担"分险主体建立自身性风控机制

银行、政府、担保公司及保险公司作为分险主体必须首先建立起各自的风险控制机制,具体包括银行的风险防范与处置机制、政府的风险补偿机制(贷款风险补偿机制和担保代偿风险补偿机制)、保险公司的风险分担机制及担保公司的担保代偿机制。

(四) "银政保担"分险主体建立协同性风控机制

银行、政府、保险公司及担保公司在建立自身性风控机制的基础上,还必须建立起协同联动合作与风险共担的风控机制。在我国,银行与政府、银行与保险公司及银行与担保公司的合作由来已久。银行、政府、保险公司及担保公司各有各的职能、各有各的优势,合作可以最大限度地发挥各自的作用。目前,各种形式的"银政"、"银担"及"银保"合作均发挥着应有的作用。因此,需要"银政保担"分险主体共同出力、相互支持、相互配合,各自承担相应责任。

二 主要原则

本研究认为,云南省农村"三权三证"抵押贷款风险控制机制的构建必须遵循整体性、系统性、协同性和风险共担四个主要原则。

一是整体性原则。农村"三权三证"抵押贷款工作涉及面广,涉及的主体、环节及工作内容很多,从最初的土地经营权、林地经营权及农民住房财产权的确权、登记、颁证工作开始,到这些权益资产价值评估以及后续交易市场建设等一系列基础性工作,从法律修订完善到相关政策制度配套及其具体的操作执行细则,从银行业金融机构的业务流程及风险防范到政府的风险补偿、保险公司的风险分担、担保公司的风险代偿等机制的有效建立与完善,都需要广大农户及农村各类经营主体的支持与配合,农村"三权三证"抵押贷款是一项整体性工作,需要各主体、各环节及各项工作的统筹与协调,一个环节有纰漏、一项工作落实不到位都可能会影响这一工作的整体推进。

二是系统性原则。农村"三权三证"抵押贷款工作是一项复杂的系统工程,这一系统包括"三个子系统",即基础性工作系统、法律系统及抵押风险控制系统。三个子系统相互依存,平行并进,缺一不可。由于基础性工作是开展抵押贷款的前提,法律是开展抵押贷款的依据,风险控制是开展抵押贷款的保障,因而"三个子系统"必须做好自身建设。有了"三个子系统"的协同共进,农村"三权三证"抵押贷款工作才能顺利、有效开展。

三是协同性原则。农村"三权三证"抵押贷款是以银行为主开办的一项创新业务,银行是最重要的风险防范主体。与此同时,银行、政府、保险公司、担保公司都是风险分担主体。农村"三权三证"抵押贷款及其风险问题的解决需要银行、政府、保险公司、担保公司以及农户等各市场参与主体的相互支持、相互配合、优势互补及协同联动。如果某一方面不协同、不合作,出现不和谐,必然会影响合力效应的形成。

四是风险共担原则。在金融中介的角色分工中,银行长于信用管理、保险长于风险管理、担保机构长于担保与增信,每类机构均有所长,在分工的基础上相互合作，必然可以形成强大的合力效应。农村金融的发展直接关系到"三农"的发展，商业银行、保险公司及担保机构在农村金融的发展中不可或缺，都有不同的责任与定位，同样在农村"三权三证"抵押贷款的推进上也要发挥相应的作用，其中在风险问题上，"政银保担"必须各司其职、共担风险。

第二节　云南省农村"三权三证"抵押贷款风控"双机制"架构

针对云南省农村"三权三证"抵押贷款风控问题，本研究提出"双机制"构想。基于整体性、系统性、协调性和共担风险四个原则，在作为分险主体的银行、政府、保险公司及担保公司各自建立起风险控制机制的基础上，建立起相互协同、联动合作的协同性共担风险控制机制，这样便形成了农村"三权三证"抵押贷款风控"双机制"，即"自身性+协同性"风险控制"双机制"架构。下面对这一架构进行分析。

一　机制Ⅰ："银政保担"分险主体自身性风控机制

银行、政府、保险公司及担保公司均为农村"三权三证"抵押贷款风险分担主体，每个分险主体都要建立起自身性风险控制机制。农村"三权三证"抵押贷款分险主体自身性风险控制机制具体包括：银行要建立贷款风险防范机制及风险处置机制，政府要建立贷款风险补偿机制和融资担保代偿风险补偿机制，保险公司要建立风险分担机制，担保公司要建立担保风险代偿机制。

（一）银行贷款风险防范机制

农村"三权三证"用益物权是全新的抵押物，农村"三权三证"抵押贷款对银行来说是全新的业务，因而要求其对政府、金融监管部门的各项政策、规定及要求都要非常熟悉。在工作中，银行首先要树立主动预防、全面管理的风险管理理念，把风险防控放在第一位，加强风险教育，抓好制度建设，注重业务流程的合理规范，利用现代科技手段，提高银行工作人员业务水平，使农村"三权三证"抵押贷款业务在风险有效控制的前提下不断深入、快速推进。

1. 农民住房财产权抵押贷款的风险点及应注意的问题

（1）农民住房财产权抵押贷款的风险点。一是所有共有人是否都同意抵押并签字。如果用于抵押的农民住房有共有人，必须取得其他共有人的书面同意。经常出现的问题是在建房审批报告上未将相关人员全部纳入共有人范畴（农村集体住房房产证上一般未注明共有人），银行在办理抵押手续时，往往只考虑到其配偶，忽略其他共有人，这样一旦到诉讼处置阶段，很容易出现抵押无效的情况。二是抵押人对抵押住房处置是否做出"有安居之处"的承诺。这是农村住房抵押的特殊性所在。如果缺少该承诺，在具体执行中，尽管法院支持，如果被执行人无处居住，也无法执行。三是是否有社员（村民）大会或社员（村民）代表大会签字环节。农村房产在办理抵押时，必须有社员（村民）大会或社员（村民）代表大会统一做出的同意住房抵押、处置及转让的决议。但在实际操作中，由于涉及的人比较多，程序比较复杂，容易出现签字不完整、不真实等问题。一旦没有该项决议或者签字人数未达到法定要求或者出现签字不真实等问题，该抵押将被视为无效。四是要看抵押房屋的位置。如果抵押房屋位置偏僻等，可能会造成变现难的问题。抵押时必须重点考虑，否则会影响抵押住房的处置。

（2）农民住房财产权抵押贷款应注意的几个问题。一是要看借款人是否具有完全民事行为能力，有没有不良信用记录。凡没有完全民事行为能力或是有不良信用记录的借款人一律不能同意其借款请求。二是要看用于抵押的房屋所有权及宅基地使用权没有权属争议。宅基地使用权发生纠纷是常有之事。宅基地使用权纠纷主要有两大类：一类是侵权纠纷，例如擅自在他人宅基地上建房；另一类是合同纠纷，例如因宅基地使用权出卖、出租、赠与等引起的合同纠纷。凡存在权属争议、权属纠纷问题都不能用作抵押。三是要看权属证明的合法有效性。用于抵押的房屋必须依法拥有政府相关主管部门出具的权属证明。四是要看是否列入征地拆迁范围。用于抵押的房屋所在地必须未列入征地拆迁范围。五是要看借款人是否还有其他居住的场所。除用于抵押的农民住房外，借款人需应有其他长期稳定居住场所，并能够提供相关证明材料。六是要看借款人有没有集体经济组织出具的证明。借款人所在的集体经济组织必须书面同意宅基地使用权随农民住房一并抵押及处置。

2. 土地经营权抵押贷款的风险点及应注意的主要问题

（1）土地经营权抵押贷款的风险点。一是抵押物本身的问题。二是抵押物估值和抵押率设定过高问题。三是抵押登记不真实问题。在抵押人提供材料不全且不实的情况下办理的抵押登记会给将来抵押物处置留下巨大隐患。

（2）土地经营权抵押贷款应注意的问题。一是要明确何类人为借款人。土地经营权抵押贷款涉及的借款人主要为农户及各类农业经营主体，包括种植、养殖大户，家庭农场，专业合作社及农业企业，等等。二是要看是否符合特定的贷款条件。如果是农户申请抵押贷款，重点看其是否符合以下条件，只要一个条件有问题就不能发放贷款：第一要看其是否具有完全民事行为能力，有没有不良信用记录；第二要看其用于抵押的承包土地有没有权属争议，如果存在权属争议，将来出现处置问题时会很麻烦，因而在贷款之前必须保证权属不存在争议；第三要看经营权流转是否合法；第四要看土地承包经营权证，土地承包经营权证必须是县级以上人民政府或政府相关主管部门颁发的；第五要看承包方是否已明确告知发包方承包土地的抵押事宜等。如果是农业经营主体申请抵押贷款，重点要看以下方面，只要一个条件存在问题，贷款就不能发放。第一要看其是否具备农业生产经营管理能力，有没有不良信用记录，如果不具备农业生产经营管理能力或是存在不良信用问题，这笔贷款就不能发放。第二要看用于抵押的承包土地的权属有没有争议，抵押物在处置时如果存在权属争议问题就很难处置，为了便于处置，土地承包的经营权必须不能有问题。第三要看经营权流转是否合法有效，经营主体要与承包方或是承包方书面委托的组织及个人签订合法有效的经营权流转合同，在此基础上，要取得土地经营权权属证明，不仅如此，还要按合同约定方式支付了相应的土地租金。第四要看承包方是否已同意承包土地的经营权可用于抵押及合法再流转，因经营主体所获得的土地经营权是通过合法流转方式从承包户手中得来的，如用土地经营权抵押贷款需经承包户同意方能进行。第五要看承包方是否已明确告知发包方承包土地的抵押事宜，这一点也是必须要做的。第六要看发放贷款的期限是否在农村承包土地的经营权剩余使用期限内，如果时间比较长可以发放中长期贷款，以增加对农业生产的中长期信贷投入。

3. 林权抵押贷款的风险点及应注意的主要问题

（1）林权抵押贷款的风险点。一是林地的所有权与使用权不一致。林地所有权与使用权不一致的情况主要是指林地被单位、集体等机构或个人承包，承包者仅拥有对林地的使用权，而没有所有权，并且其仅在承包年限之内拥有使用权。二是林地与林木的所有权不一致。一般情况下，林地与林木的所有权不一致是因为林地的所有权与使用权不一致。如林地被承包人使用，并种植林木，所种植林木的所有权在承包期内归承包人所有。三是林地与林木的使用权不一致。林地与林木的使用权不一致的情况相对较少，有可能是林地由承包人部分承包使用，承包人对林地上原有的林木既没有所有权也没有使用权，只是负责林地的看管守护，但承包人有部分林地的使用权，并且只能在部分空地上种植新的林木，如果树、药材、花草等，承包人只是对其新种植林木拥有所有权。四是林木的所有权与使用权不一致。林木的所有权与使用权不一致主要存在于对果树、橡胶树、松脂树等部分经济林木的承包经营中，一般由林地或林木的所有权人将林地和林木租赁给承包人经营使用。承包人在承包期内对承包经营林地原有林木仅有使用权或部分使用权，如银行仅限于对林木的维护和对果实、胶液、松脂的采收。如果银行对上述几种林权的属性状况不认真审查，严格区分，不搞清楚林地与林木的所有者与使用者，包括使用者对林地与林木的承包年限、使用现状等情况，而是简单地、单方面地与所有权人或者是使用权人签订抵押协议，办理抵押登记手续，都有可能最终出现抵押无效的情况或出现抵押的权属瑕疵。例如，银行仅与林地所有权人签订抵押协议，而未搞清楚当前林地的使用状况，一旦要处置被抵押的林地，则有可能出现因林地已由第三方承包使用，正处于承包使用期限内，并且林地上的林木归现有承包者所有而无法进行处置的情况。

(2) 林权抵押贷款时应注意的问题。一是要看林权证的真实性。借款人申请办理林权抵押贷款时，必须向放贷银行提交林权证正本原件。在贷款调查阶段，银行相关工作人员要核实林权证的真实性，核实用于抵押的林权是否具有县级以上人民政府或政府相关主管部门核发的林权证，是否权属清晰，以将风险隐患控制在源头。二是要做好尽职调查工作。受理贷款申请后，银行相关人员要认真履行尽职调查职责，重点关注以下几个方面：第一，借款人及其生产经营状况；第二，用于抵押的林权是否合法、权属是否清晰，借款期间是否在林权证有效期内；第三，核查用于抵押的林权是否属于可以设立抵押的林权①；第四，核查该林权是否存在在先抵押或司法限制；第五，核查该抵押林权是否有林木采伐许可证及采伐指标；第六，核查林权所在地是否有完善的林权交易或流转市场或体系；第七，林木易发生火灾、虫灾，核查林权经营人是否参加林权保险。

（二）银行贷款风险处置机制

1. 土地经营权抵押物处置

（1）遵守的基本原则。一是不得改变土地用途。《中华人民共和国农村土地承包法》（2018年修正）第十一条规定："未经依法批准不得将承包地用于非农建设。"抵押权在实现过程中不得改变土地的农业用途，这是一个底线，也即抵押权人在不改变土地用途的前提下处置土地经营权抵押物。二是维护各方权益。第一，放贷银行在处置抵押物时，应保证所得价款优先用于偿还贷款本息；第二，土地经营权流入方在抵押物处置时，应确保流入方在归属期享有对土地的使用、收益等权益；第三，要保障承包农户的权益。三是因地制宜。土地经营权作为用益物权的特殊性决定了

---

① 可作为抵押物的森林资源资产为：用材林、经济林、薪炭林；用材林、经济林、薪炭林的林地使用权；用材林、经济林、薪炭林的采伐迹地、火烧迹地的林地使用权；国务院规定的其他森林、林木和林地使用权。森林或林木资产抵押时，其林地使用权须同时抵押，但不得改变林地的属性和用途。下列森林、林木和林地使用权不得抵押：生态公益林；权属不清或存在争议的森林、林木和林地使用权；未经依法办理林权登记而取得林权证的森林、林木和林地使用权（农村居民在其宅基地、自留山种植的林木除外）；属于国防林、名胜古迹、革命纪念地和自然保护区的森林、林木和林地使用权；特种用途林中的母树林、实验林、环境保护林、风景林；以家庭承包形式取得的集体林地使用权；国家规定不得抵押的其他森林、林木和林地使用权。

银行在抵押处置时，要全面充分地考虑具体情况。

（2）抵押权实现方式。一是转让。抵押权人可将土地经营权转让给第三方，所得价款扣除相关费用后用于偿还贷款本息。二是交易平台再流转。抵押权人通过农村产权交易平台将土地经营权流转给第三方，所得价款扣除相关费用后用于偿还贷款本息。三是拍卖。通过市场竞价方式，抵押权人将抵押的土地经营权转让给最高应价者，所得价款扣除相关费用后用于偿还贷款本息。四是仲裁或诉讼。抵押权人可依法通过仲裁或诉讼的方式向仲裁机构或人民法院提出申请，对土地经营权进行处置。

2. 林权抵押物处置

（1）遵守的处置原则。林权抵押不良贷款的处置坚持以协议清收为主、诉讼清偿为辅原则。林权转让纠纷主要有两大类，一是集体林地承包经营纠纷（主要是林业承包、责任管护等合同纠纷）。这类纠纷常常出现在林权处分的初级市场，由于历史和现实原因，集体林地承包经营纠纷复杂，若审理不及时或审理方式方法不得当，易引发集体性上访和群体性事件。二是个人林权流转合同纠纷。这主要指因林地承包经营权和林木所有权的转包、出租、互换、转让、入股引发的纠纷，包括林地承包经营权转包合同纠纷、林地承包经营权转让合同纠纷、林地承包经营权互换纠纷、林产品买卖合同纠纷等。此外，在林权转让过程中还往往会出现物权保护、物权确认、侵权之诉等相关问题。在审判实践中，因林产品价格攀升，农民利益格局变化，常发生发包方或林权流转一方以合同约定的承包费偏低、期限过长、对方合同履行有瑕疵等为由要求变更、撤销、解除承包合同等的情况。林权转让纠纷审判过程中遇到的问题多而复杂，因此林权抵押不良贷款的处置要坚持以协议清收为主、诉讼清偿为辅原则。

（2）林权抵押物处置配套制度。一是抵押权人有依法对抵押物进行处置的权利。贷款合同到期，借款人无力偿还本息时，抵押权人有对抵押物的处置权。二是抵押物处置方式。抵押权人在处置抵押物时，可采取协商、拍卖及变卖的方式。三是林木采伐许可证的办理。各级林业主管部门需要做好配合工作，做好林木采伐许可证的办理工作。

3. 农民住房财产权抵押物处置

（1）遵守的处置原则。农民住房财产权抵押物处置应坚持内部处置优先、确保抵押人基本生存保障及保障抵押权人合法权益三个原则。一是坚持内部处置优先原则。对抵押物的处置应坚持在集体组织内部优先"消化"的原则，在内部优先"消化"的基础上，可尝试扩大受让人范围。二是坚持确保抵押人基本生存保障的原则。虽然抵押人签订合同时已做出"有安居之处"的承诺，但是在采取执行措施时，也要充分考虑其特殊性，对农民住房一般不采取拍卖、变卖的方式，以保障抵押人的基本居住权利。三是坚持保障抵押权人的合法权益的原则。抵押物处置所得价款优先受偿贷款本息。

（2）配套制度。一是加快落实农民住房的确权颁证工作。有权必有证，权证可抵押。确权颁证是开展农民住房财产权抵押贷款的基础性工作。加快落实农民住房的确权颁证工作，使农民住房成为合法财产从而方便抵押贷款。二是适度扩大农房合格受让人范围。对受让人范围，除本集体经济组织外，可适当扩大范围。在农房这一抵押物的处置上，重庆江津区在获得相关授权的前提下，进行了大胆的创新，这一做法值得借鉴。其做法是将原只限于在本集体经济组织内处置的抵押物的处置范围扩大到全区范围内，并且鼓励农业企业、农民合作社、家庭农场等经营主体参与农房的处置，获得农房占用、使用和收益的权利。2017年，江津区将农民住房财产权抵押贷款的改革试点推向全区，以激活农民住房财产权，推动改革不断深化。三是建立农村房屋抵押备案制度。农村宅基地属于集体所有，由村集体经济组织或者村民委员会代表集体行使所有权，对宅基地依法享有占有、使用、收益和处分的权利。农民将其住房设定抵押，在将来实现抵押权时，必然会涉及宅基地的处分问题。因此，农村住房抵押后，应当向村集体经济组织或者村民委员会备案，以便村集体及时了解、掌握宅基地的使用情况，进行统一管理。

（三）政府建立贷款风险补偿机制

1. 设立农村"三权三证"抵押贷款风险补偿基金

政府设立农村用益物权抵押或"三权三证"抵押贷款风险补偿基金，有两个方面的作用：一是能解决贷后风险的损失补偿问题；二是可以发挥贷款担保及增信作用。以往对风险补偿基金的事后风险损失补偿作用强调得更多，而对其事前的担保作用提及较少。实际上，其所起的贷款担保作用也很重要。对银行来说，风险补偿基金做担保是一种很好的增信及担保方式。风险补偿基金的事后风险损失补偿和事前的担保、增信作用，无论在解决借款人的增信、担保问题方面，还是在解决银行的后顾之忧方面都非常有效。

(1) 风险补偿基金的设立、来源、使用、管理等。一是风险补偿基金的设立。通常县域银行业金融机构办理"三权三证"抵押贷款的比较多，农村信用社是开办"三权三证"抵押贷款的主力军。因此，县（市）级政府要设立相关贷款风险补偿基金。二是风险补偿基金的来源。风险补偿基金主要来源于财政安排的资金。县（市）政府设立贷款风险补偿基金，相应级别的财政部门每年都要安排专项资金作为补充基金。三是风险补偿对象及补偿范畴。第一，风险补偿金的补偿对象。风险补偿金的补偿对象为与政府签订合作协议的开展农村"三权三证"抵押贷款服务业务的银行业金融机构。第二，风险补偿金的补偿范畴。风险补偿金的补偿范畴是贷款银行为农户、家庭农场、农民专业合作社等农业经营主体发展种植业、养殖业发放农村土地经营权、林权及农民住房财产权等抵押贷款而发生的损失。第三，风险补偿比例。对具体比例，政府和银行可通过协商确定，在西部边疆民族地区，为鼓励商业银行放贷，解决其后顾之忧，政府可适当多承担一些，一方面表明政府在农村问题上有担当，另一方面对银行来说也可以提振信心，积极放贷。根据各地的做法及云南省的实际情况，建议按6:4的比例来承担损失，即财政按60%的比例给予银行补偿，对那些逾期且经过催收或采取其他措施仍未收回的不良贷款，银行可向政府申请风险补偿资金，用来弥补贷款损失。

(2) 风险补偿资金的管理。各级财政是风险补偿金的主管部门，负责风险补偿金的筹集、管理、审批和监督，并对风险补偿金实行封闭运行、动态管理、专款专用及专账核算。

(3) 相关配套机制。建议县（市）级政府成立由县（市）长挂帅的金融工作领导小组，组建县（市）"三权三证"抵押贷款服务中心，与县（市）金融办、县（市）惠农担保公司"三位一体"合署办公。

2. 设立融资担保代偿风险补偿基金

政府建立融资担保代偿风险补偿机制，以消除担保机构的后顾之忧。担保代偿补偿基金由省（市、区、县）财政设立，专项用于对融资担保机构为农村"三权三证"抵押贷款担保代偿所出现的损失的补偿。

（1）建立与业务量相适应的财政资金支持机制。建立政府性融资担保代偿补偿机制，安排融资担保代偿补偿资金并纳入财政年度预算，以确保按规定对融资担保公司发生的代偿损失予以补偿，建立与业务量相适应的财政资金支持机制。

（2）规范代偿补偿资金申报流程。融资担保公司于每年年初向相关部门提出上一年度代偿补偿资金申请。相关部门负责受理和审核融资担保公司提交的申请材料，将审核意见报送财政厅。财政厅根据审核意见以及国库管理有关规定将代偿补偿资金拨付至融资担保公司。

（3）加大监督检查和信用惩戒力度。财政厅及各地方金融监管局加强对代偿补偿资金使用的管理及监督检查，建立健全代偿补偿资金监督检查和信息共享机制。在执行现有财政资金管理规定的基础上，将骗取财政资金等行为的行政处罚信息录入金融信用信息基础数据库。

（四）保险公司建立风险分担机制

保险公司建立的风险分担机制主要通过其开展的相关保险业务实现。

1. 林权抵押贷款保险业务

（1）森林保险。森林保险属于政策性农业保险的一种。森林保险负责赔偿因火灾、暴雨、暴风、洪水、泥石流、冰雹、干旱、霜冻、暴雪及森林病虫（鼠）害直接造成被保险林木死亡、流失、掩埋、主干折断或倒伏的经济损失。

（2）林权抵押贷款保证保险。贷款保证保险属于信用保证保险的一种。借款人向保险公司投保，当贷款无力偿还时，由保险公司代为偿付。保险公司开办此项业务要与林业部门、放贷银行签订《林权抵押贷款保证保险业务合作协议》。林农借款人提出借款申请，放贷银行与保险公司调查核实后，林业部门出具林权评估报告，保险公司出具承保意向书，放贷银行审批，符合贷款要求及条件即可放贷。

（3）林权抵押贷款森林综合保险。有经营农业保险资质的保险公司或保险代理机构开办森林综合保险业务，保险费由县（市）级财政补贴50%，林业企业、林业生产经营组织及林农承担50%。在保险期内，因发生森林火灾、病虫害、雨雪等灾害而造成被保险林木损失的，保险公司按贷款金额承保、理赔。

2. 土地经营权抵押贷款保险业务

（1）"双保证"保险。"双保证"保险即经营权流转履约保证保险和土地经营权抵押贷款保证保险。保险公司开办"双保证"保险是江苏金湖[①]推行的一种做法。政府设立履约专项风险补偿基金100万元。在经营权流转履约保证保险中，流入方、所在村委会、流出方分别按年租金的70%、10%和20%的比例缴纳保费。在经营权抵押贷款保证保险中，承保人和被保险人风险共担比例为8∶2，保险费率不超过贷款本金的1%。

（2）保证保险。这是山东青岛平度[②]推行的一种做法。借款人贷款时购买两个保险，即贷款保证保险和意外伤害保险。当投保人未按合同约定履行还贷义务，由保险公司按照相关约定承担贷款损失赔偿责任。购买意外伤害保险，当借款人发生意外伤害事故造成其无法按合同约定还款时，保险公司按照合同约定将保险赔款优先用于归还借款人所欠的银行贷款。银行和保险公司共同承担贷后管理责任。银行、保险公司（或担保公司）按照2∶8的比例分担风险，即由银行机构承担20%的风险，保险公司（或担保公司）承担80%的风险。财政部门每年安排1000万元的风险补偿基金，对保险公司赔付率（赔付额/实收保费）150%以上的部分给予50%的补偿；对担保公司赔付率（赔付额/实收担保费）200%以上的部分给予50%的补偿。年度补偿总额不超过风险补偿基金余额。

---

① 金湖县是2015年12月经全国人大常委会授权国务院批准的国家级农村土地经营权抵押贷款试点县。2017年金湖县在江苏省农村产权交易信息服务平台登记贷款达726笔2.82亿元，贷款余额达1.26亿元，年增长率为33%，涉及13.5万亩承包流转土地，占已流转土地的51%，惠及新型农业经营主体642家，在有效户中的覆盖面积达36%。

② 平度是全国"两权"抵押贷款试点地区，截至2018年6月底，全市累计办理土地经营权抵押贷款1245笔，发放贷款16.7亿元，贷款结存697笔，贷款余额为10.1亿元，比2018年初增加6.1亿元，增长148.7%。

（3）互联网+银行+保险。土流网与银行、保险公司三方合作首创了互联网+银行+保险"三位一体"的土地经营权抵押贷款保险模式。农民先向银行提出贷款申请，银行收到申请以后，委托土流网做前期的资产评估，银行把所提供的征信数据和土流网提供的评估报告一并提供给保险公司，保险公司做进一步的资产征信评估和调查，最后提供一个担保函，农民拿到这个担保函以后，银行就会放款。出现坏账时，银行向保险公司提出理赔，保险公司把土地处置权给土流网，流转出去的费用首先赔偿给保险公司和银行，土流网也会收取一定的费用，如果产生溢价，土流网会返还给农民，当处置的转包期满了以后，土地的经营权自动转回给农民。

3. 农民住房财产权抵押贷款保险业务

（1）第二居住场所证明+人身意外伤害保险。这是山东潍坊高密①推行的一种做法。为了规避农民住房抵押风险，一方面借款人必须提供第二居住场所证明，以保障借款人不会因还不上贷款拍卖房屋后流离失所；另一方面鼓励借款人购买人身意外伤害保险，如果因伤导致失去还贷能力，可以用保险赔付代为还款。高密市协调公证处、农村商业银行、房管局等多个部门试点开展农村房屋抵押登记业务，拥有农村房屋房权证的农民到银行申请贷款，经银行同意后由公证处办理农村房产抵押登记，并告知房管局进行备案，当事人将房管局回执交回公证处，抵押业务就算办结了。

（2）政府+银行+保险。这是江苏仪征②推行的一种做法。仪征市政府建立风险补偿资金池，市、镇两级财政向仪征市三农资产管理有限公司注入初始资金1000万元，银行和资金池按照3∶7的比例补偿损失。在保险层面，保险公司确定保险费率，为参加试点的农民住房财产权提供担保，为借款人提供增信支持，对产生的保险费用，由政府给予一定补贴，不增加农民贷款成本。

---

① 截至2013年12月，高密已办理农村房屋小额贷款抵押登记业务90笔，银行放款4650多万元。农村房屋抵押贷款不仅为农民开辟了新的贷款渠道，节约了筹集资金时间，贷款利率还比一般贷款低10%，减轻了农民负担。
② 仪征是2015年经全国人大授权的59个农民住房财产权抵押贷款试点县（市、区）之一。

（五）融资担保机构建立担保代偿制度

1. 担保机构担保代偿的作用与重要性

由于农村"三权三证"属于弱抵押和弱流动性资产，从各地试点情况来看，贷款银行在发放贷款时，除了用"三权三证"抵押外，往往还附带其他担保形式，要么由担保公司提供担保，要么由专业合作社、信托机构、财政资金、保险公司或地上附着物提供担保，目的是再加一个砝码，以提高安全系数。在弱抵押资产不足以成为贷款有效抵押物，还需要其他附加物及附加条件时，专业性的担保机构提供担保及担保代偿，可大大降低风险管理成本。

2. 融资担保代偿、清收及追偿

（1）确定代偿比例及代偿金额。融资担保代偿的分险主体是政府、银行及担保机构。发生代偿时，须明确政府、银行及担保机构三方各自的风险分担比例，这对降低担保机构代偿风险至关重要。除此之外，明确政府、银行及担保机构皆为风控主体及分险主体有利于各主体各司其职，共同控制风险。

（2）做好代偿清收管理工作。融资担保公司在拓展业务时，要时刻增强资产保全意识，把代偿清收与业务经营、风险处置作为同等重要的工作来抓。代偿清收途径可根据各代偿项目的实际情况，采用非诉讼途径、诉讼途径或两种途径组合。

（3）加强代偿追偿工作。代偿追偿工作要事先做好准备。担保机构各部门要通力配合，财务部门、业务部门及风险管理部门也要做好各自工作。

二 机制Ⅱ："银政保担"分险主体协同性风险分担机制

云南省农村"三权三证"抵押贷款风险控制还必须建立"银政保担"分险主体协同性风险分担机制。从风险损失主体来看，一是放贷银行发放贷款引发的贷款损失风险；二是担保机构担保代偿引发的代偿损失风险。至此，"银政保担"分险主体协同性风险分担机制主要包括"银政保担"分险主体协同性贷款风险分担机制和"政银担"分险主体协同性担保代偿风险分担机制。

（一）"银政保担"分险主体协同性贷款风险分担机制

"银政保担"分险主体协同性贷款风险分担机制，主要通过"贷款银行+政府+"的模式实现。

1. 模式一："贷款银行+政府+担保公司"协同性风险分担机制

"贷款银行+政府+担保公司"这一模式中，贷款银行是贷款风险的防范主体，政府及担保公司是贷款风险损失的分担主体。对贷款银行而言，其"身兼双职"，在做好贷款风险防范工作的同时，也要承担一部分风险损失。政府作为贷款风险分担者，要建立和完善贷款风险补偿机制，按要求建立贷款风险补偿基金，承担起相应的职责。担保公司作为贷款风险损失分担者，要建立相应的担保代偿机制。有了政府及担保公司的协同配合，贷款银行的风险被进一步分散，农村"三权三证"抵押贷款工作便能更好地推进。

2. 模式二："贷款银行+政府+保险公司"协同性风险分担机制

"贷款银行+政府+保险公司"这一模式中，贷款银行是贷款风险的防范主体，政府和保险公司是贷款风险的分担者。"身兼双职"的贷款银行通过做好自身贷款风险防范工作和风险处置工作减少贷款风险损失。政府作为贷款风险分担者，必须要建立贷款风险补偿机制，承担相应的贷款风险分担职责。保险公司作为贷款风险损失分担者，可通过开展保险相关业务分担贷款风险。

3. 模式三："贷款银行+政府+担保公司+保险公司"协同性风险分担机制

"贷款银行+政府+担保公司+保险公司"这一模式中，贷款银行是贷款风险的防范主体，政府、担保公司及保险公司是贷款风险的分担者。同样，"身兼双职"的贷款银行要做好自身贷款风险的防范工作与贷款风险处置工作。政府作为贷款风险分担者，必须建立贷款风险补偿机制。担保公司作为贷款风险损失分担者，要建立担保代偿机制。保险公司作为贷款风险损失分担者，可通过开展保险相关业务分担贷款风险。

（二）"政银担"分险主体协同性担保代偿风险分担机制

"政银担"分险主体协同性担保代偿风险分担机制是解决担保机构担

保代偿压力的有效方式。担保机构的担保代偿问题，除了担保机构自身重视代偿清收管理及加强追偿工作外，政府对担保机构的代偿损失的分担与补偿也很重要。现阶段，对农村土地经营权、林权及农民住房财产权抵押担保代偿建立"政银担"担保代偿风险损失协同性风险分担机制已提到议事日程，政府已做出积极行动。为支持与鼓励商业性融资担保机构提供担保及担保代偿服务，全国多地政府出台商业性融资担保机构担保代偿损失风险补偿办法，如山东省出台《中小微企业融资担保代偿补偿资金管理办法》、上海市出台《商业性融资担保机构担保代偿损失风险补偿办法》、江苏省设立融资担保代偿补偿资金池。有了政府对商业性融资担保机构担保代偿损失的分担与补偿，商业性融资担保机构的代偿损失压力会减轻，担保代偿的积极性也会被调动起来。

担保机构与银行一直有合作关系，但在与银行的合作过程中，担保机构常处于不利的地位，风险没有在担保机构和银行间合理分担。2019年2月，国务院办公厅印发了《有效发挥政府性融资担保基金作用切实支持小微企业和"三农"发展的指导意见》（国办发〔2019〕6号），该意见指出，要完善"银担"合作机制，打破传统模式中银行不分担代偿风险的惯例，形成合作共赢的担保模式。担保机构与银行风险共担能够避免银行潜在的道德风险。该意见为银担合作共担代偿风险损失提供了政策依据。对于国家融资担保基金及银行风险分担的比例，该意见也作了明确规定，即国家融资担保基金及银行业金融机构承担的风险责任比例不低于20%，省级担保、再担保基金（机构）承担的风险责任比例不低于国家融资担保基金承担的比例。

建立"政银担"担保代偿风险损失协同性风险分担机制，"政银担"三方各自承担一定比例的代偿损失，可大大减轻担保机构的压力。按现行规定，国家融资担保基金承担的风险责任比例最低为20%，银行承担的风险责任比例最低也是20%，这样担保机构所承担的风险责任比例最多为60%，对融资担保机构来说已"减负"很多，风险也降低很多。

第八章

基本结论与对策建议

缓解农村融资难问题的关键在于制度创新。农村"三权三证"抵押贷款制度是在基层实践创新与顶层设计的政策和理论创新基础上形成的重大农村金融制度创新。当然,这一制度创新带来的效应还需要时间的检验,需要我们有信心和耐心。只要我们高度重视,认真研究和解决问题,并持续推进改革,必将看到成效。农村"三权三证"抵押贷款制度对相关涉农金融机构、各类农业经营主体及其他农村改革都具有重大意义。本章对本研究进行总结,并进一步提出相关对策建议。

第一节 基本结论

一 应充分肯定农村"三权三证"抵押贷款制度的价值与意义

(一)农村"三权三证"抵押贷款能够缓解农村融资难问题

长期以来,农村融资难问题一直没有得到有效解决,这主要与农户缺乏银行认可的有效抵押物有关。现行银行贷款制度以抵押贷款为主,借款人申请借款,必须有相应的抵押物,这一点无论是在城市还是在农村,无论是对企业还是对个人都一样。银行为保证贷款的安全性,除考虑第一还款来源外,还有第二还款来源,抵押物是第二道防线,是最重要的还款来源保证。对大额贷款而言没有抵押物,贷款可得性很低甚至无法得到贷款,而有了抵押物,贷款的可获得性大大提高。随着相关理论研究的不断深入，以农村"三权三证"为主的农村用益物权有了抵押、担保权能，农村大额融资有了抵押物，大额融资难问题得到了较大缓解。这样，有了"三权三证"作为抵押物，农村各类经济主体尤其是农户融资时就多了一份选择，多了一个解决资金来源问题的方案，从云南省试点地区大部分农户的参与意愿中可以看出该制度受到了农户的广泛欢迎，成效是非常明显的。

（二）农村"三权三证"抵押贷款能促使农村用益物权作用有效发挥

以农村"三权三证"为代表的农村用益物权是农民最主要的资产，也是其最有价值的资产。农村产权制度改革是继农村家庭联产承包责任制之后的又一重大制度创新，农村产权制度改革完善了农村基本经营制度，同时也激活了农村长期"沉睡"的"死资产"，使资源变资产、资产变资本成为可能。土地的确权、登记及颁证为推行农村"三权三证"抵押贷款打下了基础。土地经营权、宅基地使用权及林权成为用益物权，它们的流转或抵押并不妨碍土地的所有权及承包权，也不妨碍宅基地的所有权及资格权，农民通过流转土地经营权或宅基地使用权等用益物权资产获得财产性收益，也可通过抵押土地经营权及宅基地使用权等用益物权资产获得贷款，这使广大农村具有更强的吸收外部各类资源的能力，各种资源包括资金、人才、技术等开始回流农村。在这一变化中，农村"三权三证"抵押贷款发挥了重要作用，是这一变化的"助推器"。

（三）农村"三权三证"抵押贷款能促进农村金融制度的进一步完善与发展

农村金融制度是我国现代金融制度的重要组成部分。"三权三证"抵押贷款确实有助于推进农村金融制度的进一步发展与完善。改革开放40多年来，我国农村金融制度进行了多次重大改革，取得了较大的成就，使农村金融服务水平不断提升，农村经济与农村金融不断融合、相互促进。但是，也必须承认和正视的事实是，与"三农"的融资需求相比，与相对发达的、丰富多样的城市金融相比，农村金融发展还存在很多不足。农村

"三权三证"抵押贷款作为近年来农村金融改革的一项重大制度创新,像2006年底中国银监会提出允许设立三类新型农村金融机构一样,"一石激起千层浪",是农村金融制度的重大改革,促进了农村金融制度进一步完善,同时对现行农村经济改革也起到了十分重要的推动作用,因为"三权三证"抵押贷款需要多方面改革的配合支持,"牵一发而动全身",需要进行全方位的、整体的一系列机制设计与制度安排,考验着各类参与主体的魄力与能力。

(四)农村"三权三证"抵押贷款能推动农村其他制度的改革

农村"三权三证"抵押贷款的推进与农村产权制度的改革关系密切。一方面,农村产权制度改革是"三权三证"抵押贷款实施的基础。另一方面,农村"三权三证"抵押贷款的推进反过来也会助推甚至倒逼农村产权制度改革速度的加快。从某种角度上看,农村"三权三证"抵押贷款可以说是农村改革的"牛鼻子",通过其改革,可以倒逼农地制度改革、农村产权制度改革、农村要素市场改革、农地金融制度改革等。即便农村"三权三证"抵押贷款从根本上解决不了农户融资难的问题,但在其推动下的农地制度改革、农村产权制度改革、农村要素市场改革和农地金融制度改革等,也可以引起农村经济社会的重要变化。

二 农村"三权三证"抵押贷款推进存在多因素制约

本研究认为当前云南省农村"三权三证"抵押贷款发展缓慢、推进困难的主要原因在于确权颁证基础性工作落实不到位、农村"三权三证"抵押贷款配套体系不完善、农村风险保障机制不健全及贷款风控机制不健全等。农村"三权三证"抵押贷款制度是一项系统工程,其实施与推进需要多方面的配合与支撑。如最基础的确权颁证工作,还有"三权三证"的价值评估、"三权三证"抵押的处置以及"三权三证"抵押的风险补偿等相关工作,落实不到位或不能协同配合,农村"三权三证"抵押贷款制度这个大系统就很难正常运转,更谈不上快速发展。

在以上制约因素中，本研究重点分析了农村"三权三证"抵押贷款风控机制不健全的问题。从银行信贷角度来看，贷款风控是银行开展业务的前提和基础，是银行经营的核心，必须重点关注与深入研究。从政府角度来看，农村"三权三证"抵押贷款作为政府倡导推动的重大农村金融改革，具有巨大的经济社会效益，是化解"三农"融资难题的重要抓手，因此政府要主导设立相应的贷款风险补偿基金及担保代偿风险补偿基金，在政策、资金上支持贷款银行、担保机构等参与主体，形成以降低风险为目标的市场参与各方风险共担协同发展的合力，以确保此项改革不断深入推进。

三 云南省农村"三权三证"抵押贷款情况特殊

本研究对云南 2016~2021 年农村"三权三证"抵押贷款数量及分布结构进行全面详尽的分析，得出了一些有价值的信息，主要有以下几个方面。

（一）云南省农村"三权三证"抵押贷款余额呈下降趋势

2016~2021 年，云南省农村"三权三证"抵押贷款余额呈下降趋势，表明经过 2016 年以前的快速推进，近年来云南省农村"三权三证"抵押贷款受到一些因素的制约，其发展速度明显放慢。

（二）"三权三证"抵押贷款数量与结构情况各有不同

从 2016~2021 年云南省农村"三权三证"抵押贷款结构及其占比情况来看，林权抵押贷款规模最大，但规模呈下降趋势。农民住房财产权抵押贷款规模也呈下降趋势，占比也在下降。土地经营权抵押贷款规模和占比都有减有增。

基于不同视角对土地经营权抵押贷款结构的分析发现，在期限上，短期贷款（1 年以内含 1 年）的占比整体呈上升趋势；在担保方式上，以农村承包土地经营权为单一抵押物的贷款占比比组合其他担保方式的贷款占比大；从个人贷款情况来看，个人经营性贷款与个人消费贷款相比，个人经营性贷款占比高且整体呈上升趋势。

基于不同视角对住房财产权抵押贷款的结构分析发现，在期限上，短期贷款（1年以内含1年）数额较大且占比较高，占比整体呈上升趋势，中长期贷款（1年以上）较少且占比较低；在担保方式上，以农民住房财产权为单一抵押物的贷款占比高，组合其他担保方式的贷款占比很低；个人贷款中个人经营性贷款占比较高，个人消费贷款占比较低；个人经营性贷款中，农业产业大户贷款和家庭农场贷款占比很低。

通过对2016~2021年云南省农村承包土地经营权抵押不良贷款情况的分析发现，一是不良贷款率较高；二是不良贷款余额有增有减；三是不良贷款余额中次级类贷款余额占比较高；等等。通过对2016~2021年云南省农民住房财产权抵押不良贷款情况比较进一步发现：一是不良贷款有所减少；二是不良贷款中损失类贷款占比下降；三是逾期361天及以上的不良贷款数量逐年减少；等等。

四 农村"三权三证"抵押贷款风控需要构建"双机制"

银行、政府、保险公司和担保公司均为农村"三权三证"抵押贷款风险分险主体，作为"银政保担"分险主体必须首先建立起自身的风险控制机制，主要包括银行风险防范机制与处置机制、政府风险补偿机制、保险公司风险分担机制以及担保公司风险代偿机制等。"银政保担"在建立起自身性风控机制的同时，还应进一步建立起协同性风控机制。农村"三权三证"抵押贷款风险防控，仅有"银政保担"分险主体各自建立的自身性风险防控机制还不够，还需要银行、政府、保险公司及担保公司的相互支持、相互配合、优势互补及协同联动，为此必须建立起四方协同联动合作的风险共担风控机制。银行、政府、保险公司及担保公司各有各的职能、各有各的优势，通过协同合作可以最大限度地发挥各自的作用，产生1+1>2的效果，发挥合力效应，对云南省农村"三权三证"抵押贷款风险有效防控起到重要的作用。

五 农村"三权三证"抵押贷款推进需要设立"两个基金"

政府在农村"三权三证"抵押贷款中的重要作用，除了制定支持鼓励政策，有必要建立"两个基金"，一是农村"三权三证"抵押贷款风险补偿基金，二是农村"三权三证"抵押融资担保代偿风险补偿基金。政府设立以农村"三权三证"为代表的用益物权抵押贷款风险补偿基金，可以解决两方面的问题：一是能解决贷后风险的损失补偿问题，二是能解决贷款担保及增信问题。以往对风险补偿基金事后风险损失补偿作用强调得更多，而对其事前的担保作用提及较少。实际上，其所起的贷款担保作用也很重要。对银行来说，风险补偿基金做担保是一种很好的增信及担保方式。风险补偿基金的事后风险损失补偿和事前的担保、增信作用，无论是在解决借款人的增信、担保问题方面，还是在解决银行的后顾之忧问题方面都非常有效。政府设立农村"三权三证"抵押融资担保代偿风险补偿基金也至关重要。担保机构也是重要的贷款风险分险主体，政府设立农村"三权三证"抵押融资担保代偿风险补偿基金是担保机构的定心丸，可解决担保机构的后顾之忧。从各地实践情况来看，政府设立贷款风险补偿基金及融资担保代偿风险补偿机制的成效都比较显著。

第二节 对策建议

一 提高认识转变观念，全面加强"三农"金融服务

（一）在思想上要提高认识

农村"三权三证"抵押贷款各参与主体，尤其是涉农金融机构，应立足"三农"，面向"三农"，依靠"三农"，服务"三农"，与"三农"构建"命运共同体"，树立"你中有我、我中有你"、共同发展、互利共赢的

基本理念，敢于改革，勇于担当，积极主动与农户和各新型农业经营主体沟通合作。农村"三权三证"抵押贷款的发展不仅对农户等借款人有利，对银行、担保机构等也是有益的，不仅对金融业发展有利，对农村经济社会的发展也是有益的。

（二）正确处理好"三个关系"

涉农金融机构应正确处理好的"三个关系"是指经济效益与社会责任的关系、短期利益与长期利益的关系以及金融创新与风险防控的关系。涉农金融机构要紧密结合自身定位与实际，不断开发多样化、差异化、有特点、可操作的农村金融新产品与新业务，尽力满足快速增长的"三农"金融服务需求。

1. 在农村金融产品与业务创新数量和质量上下功夫

涉农金融机构应紧紧围绕地方政府制定的经济发展规划、中心任务与"三农"发展战略，抓住新动力、新契机，努力开发适合"三农"发展需要的信贷产品、保险产品，为其提供全方位、立体的、高质量的金融服务。

2. 涉农金融机构的产品业务创新要与地方经济发展和乡村振兴结合起来

当前，我国脱贫攻坚已取得全面胜利，正在进一步巩固现有成果以及全面实施乡村振兴战略，这给涉农金融机构提供了重大发展机遇与新动能。农村"三权三证"抵押贷款等涉农金融机构开展的一系列新业务，可以形成对"三农"经济主体的强大的金融支持，不仅有利于广大农户致富，促进小微企业和实体经济的发展，也使金融机构能够找到经济效益与社会效益的平衡点。

3. 积极利用互联网等科技手段服务"三农"

涉农金融机构应积极利用互联网、大数据、金融科技与供应链金融等大力发展普惠金融、数字金融、绿色金融、县域金融和民族金融，不断降低服务成本，提高融资服务效率。

二 加快多要素市场配套机制建设

农村"三权三证"抵押贷款是一个复杂的系统工程，需进行整体性、系统性统筹，从制度设计到每一步骤环节，从贷前到贷中到贷后，从土地、林地、宅基地的确权、颁证、登记，到资产的评估、估值，到银行贷款的发放，直到抵押物处置，都需要政府、银行、保险公司、担保机构以及农户等的积极参与配合支持。尤其是作为这一改革主推者的地方政府和最重要当事人的银行，要加快推进各项配套制度改革，抓紧各项措施的具体落实，唯有如此，农村"三权三证"抵押贷款才能持续深入推进。

（一）积极推进确权颁证工作

1. 完成需要完善落实的工作

确权颁证是基础性工作，是农村"三权三证"抵押贷款开展的前提，目前该环节尚需完善落实的工作主要有：一是已经完成承包合同签订和登记工作的，权属证书已做好的县（市、区），应及时将权属证书发放到户；二是已完成颁证的县（市、区）应尽快完善数据，并抓紧完成数据合库工作，建立共享的数据信息工作平台；三是加强对确权登记颁证补助资金的管理；四是确权登记颁证补助资金要及时拨付，做到不挤占、不截留及不挪用；五是外包给社会组织的相关工作，要按照合同约定支付相关款项、返还保证金；六是及时开展内部审计和资金监管检查，确保资金管理使用安全；七是确权颁证工作推进缓慢的地区应全力以赴尽快完成确权颁证工作，设定工作期限，以目标倒逼任务，并将确权颁证工作纳入地方政府考核体系。

2. 加强三项制度建设

（1）建立及完善林地经营权流转证制度。林地经营权流转证为"放活林地经营权"提供了制度保障。林地经营权流转证与林权证不同。林权证保障的是林地承包户的承包经营权，包含承包权和经营权两种权益。持有林权证的农户可以行使林地经营权，也可将其流转、出租等。受让林地经营权的经营人要办理林地经营权流转证。林地经营权流转证是林地实际经营人有权属证明，保障的是林地实际经营人的林地使用权抵押及采伐审批等方面的法律权益。林地经营权流转证是林地经营权融资担保的合法有效凭证。

（2）建立及完善宅基地使用证制度。宅基地"三权分置"使得宅基地权利分为宅基地所有权、宅基地资格权及宅基地使用权。宅基证与宅基地使用证有所不同。宅基证在宅基地承包农户手里，保障宅基地农户的宅基地资格权与使用权。而宅基地使用证在宅基地实际使用人的手里，持有此证，一方面敦促宅基地实际使用人按时支付租金，另一方面也为其再次流转宅基地使用权提供法律保障。另外，宅基地实际使用人可持宅基地使用证申请抵押贷款，也免去银行担心宅基地承包户"失房"的困扰。

（3）建立及完善土地流转经营权证制度。土地流转经营权证是土地经营权受让人的权属证明，一方面可以敦促土地经营权受让人按时支付土地使用租金，另一方面也方便其用于申请抵押贷款。

（二）做好农村"三权三证"资产价值评估工作

农村"三权三证"资产价值评估既关系到抵押人的自身利益，也关系到抵押权人的利益。农村"三权三证"资产价值评估可采取委托第三方评估机构评估、放贷银行自评或者借贷双方协商等方式。为做好这一工作，政府可牵头成立农村产权公益性评估机构，并提供各种产权的参考价值。对30万元及以下的小额贷款"三权三证"抵押物价值认定不一定需要专业评估机构，可由借贷双方协商认定。对超过30万元的"三权三证"抵押贷款评估则由具备相应评估资质的专业评估机构或政府牵头成立的公益性评估机构进行评估。

（三）建立与完善农村产权流转交易市场体系

建立与完善农村产权流转交易市场是开展农村"三权三证"抵押贷款的关键环节与重要组成部分。一是要建立和完善农村产权流转交易市场组织体系，即要建立和完善省、州（市）、县（区、市）、乡（镇）各级产权交易平台，在州（市）级要有州（市）级农村产权交易中心，在县（区、市）一级要有县（区、市）农村产权交易中心，在乡（镇）要有乡（镇）农村产权交易中心。二是应加快建立省、州（市）、县（区、市）、乡（镇）、村统一的、网格化的农村"三权三证"抵押融资数据信息系统，收集与统计农村产权抵押融资在贷款、担保、偿还、不良贷款信息等各种数据，审核各金融机构申报的农村产权抵押融资风险损失补偿等。三是加强制度建设包括产权登记制度、交易管理制度、前置审批制度、争议处置制度、风险防范制度及内部管理制度等。

三 完善农村"三权三证"抵押贷款风控新机制

（一）完善农村"三权三证"抵押贷款分险主体自身性风控机制

1. 银行要建立"三权三证"抵押贷款风险防控机制

贷款银行是农村"三权三证"抵押贷款风险防范主体，也是分险主体。对于银行业金融机构而言，首先要严格准入，降低风险隐患。其次银行要把握好风险的关键点。土地经营权抵押贷款、农民住房财产权抵押贷款及林权抵押贷款都有相应的关键风险点，也都有一些需要注意的问题。在贷前调查及贷时审查时都要一一关注，发现问题第一时间妥善解决。对贷后资金使用情况要进行动态跟踪监控，及时回访借款人及担保人，多渠道了解其贷款用途，掌握其偿贷能力。

2. 政府要完善农村用益物权抵押风险补偿机制

（1）政府应设立农村用益物权抵押贷款风险补偿基金。政府是农村"三权三证"抵押贷款的主推者，也是农村"三权三证"抵押贷款风险的分担主体之一。政府建立农村"三权三证"抵押贷款风险补偿机制的目的是消除贷款银行的后顾之忧。政府通过设立贷款风险补偿基金，分散农村"三权三证"抵押贷款风险，减缓银行贷款风险压力，从而提高银行贷款积极性。

（2）政府应设立农村用益物权抵押担保代偿风险补偿基金。政府通过设立农村用益物权抵押担保代偿风险补偿基金，分担融资担保公司的压力，提高担保公司融资担保风险代偿的积极性。

3. 保险公司要建立与完善农村"三权三证"抵押贷款风控机制

保险公司是农村"三权三证"抵押贷款风险分担主体之一，为充分发挥保险的分担主体作用，必须要建立和完善农村"三权三证"抵押贷款保险风险分担机制。一是完善农业保险制度。建立和完善农业保险制度离不开政府的财政支持,同时也要提高农户的风险和保险意识。二是完善巨灾风险分散机制。我国近年来高度重视农业保险经营中的巨灾风险保险问题,而这一问题的解决需要政府财政的大力支持。三是加强农业保险监管,促进农业保险健康发展。农业保险经营中有大量的财政补贴,一些投保者通过虚假投保、虚假理赔等方式套取或骗取了大量国家资金,因而必须加强监管才能减少此类现象,使政策性农业保险发挥应有作用,落到实处。

4. 担保公司要建立和完善融资担保代偿风控机制

首先,应鼓励和支持各类商业性担保公司的设立,政府可以参股,但不控股,并为其提供必要的政策优惠与发展环境。其次,政府可以带头设立以财政资金为主要资金来源的政策性担保公司,或者适当吸收部分社会资本,具体可由省级财政部门牵头出资,会同农业农村厅、中国人民银行、地方金融监管局、银保监局、证监局等,共同制定农业信贷担保机构的运作管理细则,逐步建立州(市)、县(区、市)各级农业信贷担保机构,使各级担保公司在"三权三证"抵押贷款中发挥出应有风险分担作用。

(二)建立与完善"银政保担"分险主体协同性风控机制

在"银政保担"分险主体的自身性风控机制建立的基础上,必须建立起银行、政府、保险公司及担保机构四方分险主体协同的风控机制,以实现高度协作、协同联动、共担风险。只有四方联动,形成合力,才能降低农村"三权三证"抵押贷款风险,形成合力效应,政府希望银行业金融机构大力开展此项业务的愿望才能实现,银行开展此项业务的积极性才能被调动起来,借款人采用农村"三权三证"抵押满足借款的需求才能得到实现。

"银政保担"分险主体协同性风控机制主要包括"银政保担"分险主体协同性贷款风险分担机制和"政银担"分险主体协同性担保代偿风险分担机制。"银政保担"分险主体贷款风险损失协同性风险分担机制,主要通过"贷款银行+政府+"的模式实现。模式一是"贷款银行+政府+担公司"协同性风险分担机制；模式二是"贷款银行+政府+保险公司"协同性风险分担机制；模式三是"贷款银行+政府+担保公司+保险公司"协同性风险分担机制。

"政银担"担保代偿风险损失协同性风险分担机制是缓解担保机构担保代偿压力的有效方式。担保机构的担保代偿问题，除了担保机构自身重视代偿清收管理及加强追偿工作外，政府对担保机构的代偿损失的分担与补偿也很重要。与此同时，银行也需分担合理的融资担保代偿风险损失，这样一方面可实现银行与担保机构双方公平及长期的合作，另一方面也可避免银行有意转嫁风险及怠于项目管理。

四 加强信贷风险监管，提高金融监管水平

涉农金融机构应以风险控制为各项业务开展的前提和原则，并建立全面风险控制管理体系，筑牢系统性金融风险的底线与红线，坚决打赢防范化解重大风险攻坚战。只有树立风险意识，处理好金融发展与安全的关系，全面管控好各种金融风险，并将其尽可能降到最低，才能谈得上进一步改革与发展。银行业金融机构应紧密结合新形势新问题，以科学合理的监管方式、方法与手段，不断提高金融监管水平，充分利用大数据、互联网、金融科技以及各种平台、模式与手段进行金融监管，通过事前、事中和事后审查，通过日常巡查、专项审查与抽查，通过交互监察、相互督促等方式，形成全面有效的监管机制，同时，要充实金融监管一线队伍力量，尤其是县一级金融监管队伍。

五 加强农村诚信制度与金融生态环境建设

（一）落实守信联合奖励、失信联合惩戒制度

农村信用体系与金融生态环境对于农村经济金融运行具有至关重要的作用。

2016年4月，国务院印发《关于建立完善守信联合激励和失信联合惩

戒制度加快推进社会诚信建设的指导意见》（国发〔2016〕33号）。这是我国社会信用体系建设的一个重要文件。该指导意见指出，通过实施正面激励让守信者受益，使失信者处处受限，关键是要做到具体落实。

（二）加强农村诚信环境建设

加强农村诚信环境建设需要多方面入手，一是政府应充分发挥在重塑社会信用形象方面的主导作用，主动带头守信用，维护自身信誉与应有形象；二是银行要积极主动配合地方政府做好农村信用建设工作，做好信息采集、信用档案建设及信用评级工作，积极倡导诚实守信的文明风尚，努力构建失信惩戒和守信激励的长效机制，加大对"信用户"、"信用村"和"信用乡（镇）"的评选与宣传工作，对做得好的进行通报表扬，在信贷上优先，在利率上优惠，对失信违约者也要进行通报批评，进行必要的惩罚与制裁，如罚款、列入"黑名单"、限制出行与高消费等。

（三）加大农村金融基础设施建设

随着近年来高速公路、铁路等基础设施的大规模建设及信息技术的快速发展，云南省及其金融机构应积极抢抓战略机遇，加大农村金融软硬件设施建设力度。目前，云南省应加大对现有农村金融机构老旧、落后设施实施升级改造力度，尤其是对边境和偏远农村、山区乡村的全方位支付服务和其他金融服务，加快金融服务创新，如通过构建"村级农信惠农支付点等助农服务终端+POS机+网上银行+手机支付"支付体系等，实现产融、供销、生产与消费、教育与医疗等所有领域与银行业金融机构的全面对接、深度融合，实现证券、保险、信托、基金等金融产品全方位服务支持"三农"和实体经济发展，以先进的服务理念、一流的服务设施、精准的产品业务和专业的服务人员等，推动农村金融快速发展，促进农村经济稳步增长。同时，云南省应加强对农村金融专门人才的培养，以满足农村经济金融快速发展的需要。

参考文献

鲍家志.中国用益物权制度的反思与创新［J］.江西师范大学学报（哲学社会科学版），2016（2）.

常永达.重庆三权抵押制度的风险控制研究［J］.重庆理工大学学报（社会科学版），2015（9）.

陈丹，高锐.农地抵押中的金融风险规制与合作治理［J］.学习与实践，2017（2）.

陈镜如.宁夏储蓄国债投资者结构分析［J］.宁夏金融，2019（3）.

陈明亮，叶银龙，金晓芳，殷斯霞.推进农民住房财产权抵押贷款的实践和前景——基于浙江丽水1800户农村居民调查［J］.浙江金融，2017（9）.

陈琦，侍强，孙常林.两权抵押贷款风险处置难［J］.中国金融，2016（9）.

陈文辉.完善农业保险制度的几点思考［N］.人民日报，2013-12-21.

陈希凤，升蕊.青海省海东市农村金融服务综合改革调查［J］.青海金融，2015（1）.

陈锡文、韩俊解读《深化农村改革方案》［J］.发展，2015（12）.

陈云波，刘云武，段云波."三农"金融服务改革创新和便利化行动实现新突破［J］.时代金融，2014（21）.

程承坪，张晓丽.农村土地制度改革：分离保障功能与经济功能［J］.学习与实践，2015（11）.

程玥，朱冬亮，蔡惠花.集体林权制度改革中的金融支持制度实施及绩效评估［M］.中国社会科学出版社，2016.

吴刚.重庆首家林权收储企业诞生［N］.中国绿色时报，2018-1-24.

金晶，刀剑.论林权抵押权的实现——以普洱市林权抵押贷款为例［J］.时代金融，2015（27）.

丁南.担保物权释论［M］.中国政法大学出版社，2013.

董加云，王文烂，林琰，张娇容，刘伟平.福建顺昌林权收储担保机制创新与成效研究［J］.林业经济，2017（12）.

董祚继."三权分置"——农村宅基地制度的重大创新（下）［J］.国土资源，2018（4）.

杜群，董斌.农民住房抵押贷款实现机制创新略论——基于试点实践的考察［J］.湖南农业大学学报（社会科学版），2018（2）.

范永俊.农村产权制度改革的德·索托效应研究——以武汉市黄陂区李集街为例［J］.学海，2016（6）.

房绍坤，林广会.土地经营权的权利属性探析——兼评新修订《农村土地承包法》的相关规定［J］.中州学刊，2019（3）.

房绍坤.用益物权基本问题研究［M］.北京大学出版社，2006.

房绍坤.用益物权与所有权关系辨析［J］.法学论坛，2003（4）.

俸正雄，张万伟.滇西欠发达农村"三权三证"抵押融资创新的思考——以临沧市为例［J］.农村金融研究，2015（8）.

付宗平.乡村振兴框架下宅基地"三权分置"的内在要求与实现路径［J］.农村经济，2019（7）.

高飞.农村土地"三权分置"的法理阐释与制度意蕴［J］.法学研究，2016（3）.

高圣平.农民住房财产权抵押规则的重构［J］.政治与法律，2016（1）.

高圣平.农村宅基地制度：从管制、赋权到盘活［J］.农业经济问题，2019（1）.

高圣平.宅基地制度改革政策的演进与走向［J］.中国人民大学学报，2019（1）.

高勇.农地金融模式的国际比较及经验借鉴［J］.地方财政研究，2016（9）.

龚明华.新常态下农村金融改革发展与风险监管（2017）［M］.中国

财政经济出版社, 2017.

顾全林. 林农贷款的违约风险及对策研究 [J]. 林业经济, 2015 (7).

郭忠浩. 论宅基地使用权用益物权属性的构建与完善 [J]. 怀化学院学报, 2016 (2).

国家林业局"集体林权制度改革监测"项目组. 2013 集体林权制度改革监测报告 [M]. 中国林业出版社, 2014.

韩学平. "三权分置"下农村土地经营权有效实现的物权逻辑 [J]. 社会科学辑刊, 2016 (5).

韩长赋. 土地"三权分置"是中国农村改革的又一次重大创新 [N]. 光明日报, 2016-1-26.

韩长赋. 中国农村土地制度改革 [J]. 农村工作通讯, 2019 (1).

何晓夏, 刘妍杉. 金融排斥评价指标体系与农村金融普惠机制的建构——基于云南省农村信用社联合社实践的分析 [J]. 经济社会体制比较, 2014 (3).

贺雪峰. 农村宅基地改革试点的若干问题 [J]. 新建筑, 2016 (4).

贺雪峰. 农村土地制度进一步改革应坚持的原则 [J]. 云南行政学院学报, 2016 (5).

胡建. 农村土地抵押法律问题研究 [M]. 法律出版社, 2016.

胡茂清. 农民住房财产权抵押贷款的困境与破解 [J]. 太原理工大学学报 (社会科学版), 2018 (4).

黄锦宁. 关于农村"两权"抵押贷款的调查与思考——以广西田阳县为例 [J]. 经济研究参考, 2018 (29).

惠献波. 农村土地经营权抵押贷款的实践与思考——以宁夏平罗县为例 [J]. 甘肃金融, 2017 (7).

惠献波. 农村土地经营权抵押融资风险评价 [J]. 价格理论与实践, 2015 (7).

贾健, 徐展峰, 李海平. 农村金融风险分担和利益补偿机制研究 [J]. 金融教学与研究, 2009 (6).

贾肖明, 高国辉, 丁雯. 构建市场化的金融风险处置机制 [N]. 南方日报, 2012-10-9.

贾治邦. 论中国集体林权制度改革［M］. 中国林业出版社, 2012.

焦富民. 农业现代化视域下农民住房财产权抵押制度的构建［J］. 政法论坛, 2018（2）.

金铂皓. 农村两权抵押贷款的法律矛盾和银行困境思考——以广东省为例［J］. 农村经济与科技, 2016（12）.

赖丽华. 农村土地"三权分置"下经营权物权化制度构建［J］. 社会科学家, 2016（10）.

兰可雄. "两权"抵押贷款的风险防范——基于福建省试点县（市）的实践［J］. 福建金融, 2016（10）.

黎毅. 宁夏平罗农村土地产权抵押融资模式研究［M］. 中国金融出版社, 2016.

李超. 林权抵押贷款的云南样本——云南银监局推动林权抵押贷款调研［J］. 中国农村金融, 2011（8）.

李成强. 关于农民住房财产权抵押风险防范的实践与思考［J］. 金融纵横, 2016（5）.

李春波, 钟美. 农户视角的林权抵押贷款借款人风险研究［J］. 中国林业经济, 2015（3）.

李春波. 云南省林权抵押贷款风险管理政策研究［J］. 中国林业经济, 2015（1）.

李红庆, 周桑蓬. 林权抵押贷款抵押物处置风险研究［J］. 时代金融（下旬）, 2016（4）.

李红庆. 农地经营权抵押信贷风险控制研究［D］. 云南财经大学, 2017.

李慧玥, 袁鹤铭. 农地承包经营权金融化的法理基础［J］. 法制与社会, 2015（13）.

李坤鹏. 青海省"两权"抵押贷款试点实践与思考［J］. 青海金融, 2019（2）.

李庆召, 马华. 制约与监督协同视角下的村级权力自控机制研究［J］. 江西社会科学, 2017（3）.

李世炎, 陈华, 罗云. 农村承包土地经营权抵押贷款处置机制探索——

以广西玉林为例 [J]. 区域金融研究, 2018 (1).

李韬, 罗剑朝. 农户土地承包经营权抵押贷款的行为响应——基于 Poisson Hurdle 模型的微观经验考察 [J]. 管理世界, 2015 (7).

李伟, 刘震, 牛玉莲. "两权"抵押贷款点石成金 [J]. 中国金融, 2019 (4).

李伟伟. 农地经营权抵押贷款应破解三大难题 [J]. 农村经营管理, 2016 (11).

李晓娜. 农村土地经营权抵押贷款风险补偿研究 [D]. 云南财经大学, 2019.

李炎亭. 社会资本与农村金融体系创新 [J]. 甘肃社会科学, 2013 (5).

李怡忻, 孟繁瑜. 农村金融创新中土地经营权抵押融资问题研究 [J]. 金融理论与实践, 2016 (6).

李云飞. 对银行贷款抵押物的重新认识 [N]. 金融时报, 2015-1-2.

李善民. 政府推动农房抵押贷款的演化博弈分析 [J]. 金融理论与实践, 2019 (3).

林翠萍. "三权分置"背景下山西集体林权流转现状分析 [J]. 林业经济, 2018 (9).

林乐芬, 王步天. 农户农地经营权抵押贷款可获性及其影响因素——基于农村金融改革试验区 2518 个农户样本 [J]. 中国土地科学, 2016 (5).

林乐芬, 赵倩. 推进农村金融制度改革——基于农村土地承包经营权抵押贷款 [J]. 学海, 2009 (5).

林琳.《物权法》施行后对农村金融的影响 [J]. 金融理论与教学, 2013 (2).

刘灿. 构建以用益物权为内涵属性的农村土地使用权制度 [J]. 经济学动态, 2014 (11).

刘宏博. 云南省农村"三权三证"抵押融资问题研究 [D]. 云南财经大学, 2016.

刘惠斌, 刘伦. 林权抵押贷款特征及风险点分析 [J]. 山东林业科技, 2013 (3).

刘佳. 农民住房抵押贷款中金融机构债权实现的困境与出路［J］. 农村金融研究，2016（11）.

刘洁. 中国农业农村发展面临的新形势新任务——专访中央农村工作领导小组副组长、办公室主任陈锡文［J］. 中国农村金融，2015（5）.

刘艳霓，杨威，段建南. 土地社会功能分类框架探讨［J］. 国土与自然资源研究，2016（2）.

刘仪杰，张龙耀，吴比. 农村产权制度改革的金融市场效应分析：武汉案例调查报告［J］. 经济体制改革，2015（3）.

刘盈，申彩霞. 农村土地抵押融资需求调查及影响因素分析——以重庆市开县、忠县为例［J］. 安徽农业科学，2010，38（9）.

刘泽华，陈云. 商业银行应审慎推进农民住房财产权抵押贷款［J］. 银行家，2016（5）.

刘泽华，陈云. 担保物权实现的难点与对策［J］. 中国金融，2014（24）.

刘振伟. 乡村振兴中的农村土地制度改革［J］. 农业经济问题，2018（9）.

刘志鹏. 贫困地区防范招商引资中金融诈骗的若干思考——以临沧市"泛华林业"案为例［J］. 时代金融，2016（33）.

罗必良. 农地保障和退出条件下的制度变革：福利功能让渡财产功能［J］. 改革，2013（1）.

吕祥熙，沈文星. 林权主体及林权的物权属性分析［J］. 南京林业大学学报（自然科学版），2010（1）.

马成武. 推进农村物权融资服务体系建设［J］. 产权导刊，2017（6）.

马国辉. 农民住房财产权抵押贷款问题探讨［J］. 河海大学学报（哲学社会科学版），2016（5）.

马贱阳，车士义，谢欣，庞博，陆杨. 农村产权制度、金融创新和农村发展——基于十个土地产权改革典型县的实证研究［J］. 金融发展评论，2012（5）.

马琳，孙莉强. 创建"村级担保基金+两权抵押贷款"金融扶贫示范新模式的探讨［J］. 吉林金融研究，2018（12）.

马智利，董瑾，马敏达. 农村三权抵押贷款运行机制分析与建议——以重庆为例 [J]. 武汉金融，2014（10）.

明道江. 农村土地承包经营权抵押贷款的供需调查——以贵州省三穗县为例 [J]. 经济与管理，2015（6）.

明道江. 我国农村土地承包经营权抵押贷款模式比较 [J]. 河北金融，2015（5）.

倪剑. 林权抵押贷款风险管理研究 [J]. 北京林业大学学报（社会科学版），2014（2）.

牛喜霞，邱靖，张术环. 提升农村社会资本的路径与对策 [J]. 农业经济，2014（9）.

潘洪洋. 加快创新完善农业保险制度——《健全农业保险制度研究》评介 [N]. 农民日报，2017-2-18.

庞金波，林安全，刘长旭. 农村金融风险分担与补偿问题分析 [J]. 经济研究导刊，2014（26）.

彭诚信，陈吉栋. 农村房屋抵押权实现的法律障碍之克服——"房地一致"原则的排除适用 [J]. 吉林大学社会科学学报，2014（4）.

秦旺. 论宅基地使用权用益物权的实现 [J]. 人民司法（应用），2017（16）.

冉光和等. 农村金融资源开发机理与风险控制 [M]. 中国社会科学出版社，2011.

沈斌. 土地承包经营权流转的价值定位与制度选择 [J]. 山西农业大学学报（社会科学版），2016（1）.

石明，权一章. 农村"两权"抵押贷款的实践与探索——以杨陵区为例 [J]. 新西部，2020（1）.

时军燕. 土地承包经营权抵押的可行性研究 [J]. 公民与法（法学版），2015（4）

苏丽霞. 立于潮头勇探索——云南开展"两权"抵押贷款试点工作纪实 [N]. 时代金融，2016-9-8.

苏丽霞. 让"沉睡的资源"活起来——云南农信社推广"两权"抵押贷款侧记 [J]. 时代金融，2015（31）.

孙月红，陈冲. 土地流转背景下湖北农村老年人经济保障问题研究——基于荆州市农村的调查［J］. 农村经济与科技，2016（15）.

孙建伟. 宅基地"三权分置"中资格权、使用权定性辨析——兼与席志国副教授商榷［J］. 政治与法律，2019（1）.

孙哲斌. 政策性森林保险实务和监管问题研究［N］. 中国保险报，2018-1-19.

唐德祥，周小波，杨无限. 农村"三权"资产抵押贷款的风险生成、衡量及其防范建议［J］. 江苏农业科学，2015（1）.

唐德祥，岳俊. 农村土地承包经营权抵押贷款风险分担的金融组织创新研究［J］. 江苏农业科学，2015（6）.

童彬. 农村土地经营权抵押制度研究——以制度困境、主要模式、风险控制和处置机制为路径［J］. 社会科学家，2014（10）.

王宝祥，周灿，李伶俐. 贫困农户信贷可获得性影响因素的实证研究［J］. 当代金融研究. 2017（3）.

王德福. 制度障碍抑或市场不足？——农地产权抵押改革的限制因素探析［J］. 求实，2017（5）.

王芳. 农村土地承包经营权抵押融资国内外研究综述及展望［J］. 科技创业月刊，2016（4）.

王峰，李丹，倪彩霞，王大兴. 农地经营权抵押贷款试点"金湖模式"再探好路子［N］. 金融时报，2018-10-11.

王刚. 农民住房财产权抵押的制度障碍与建议［J］. 江苏农村经济，2016（1）.

王刚. 浅析农民住房财产权抵押的若干问题［J］. 中国土地，2016（9）.

王见，杨龙洲，陈伟. 云南省林权抵押贷款业务发展的特征及问题研究［J］. 林业经济问题，2014（6）.

王琼. 浅谈商业银行林权抵押贷款的主要风险点及控制措施［J］. 现代经济信息，2016（16）.

王琼，邵洋. 农村土地经营权抵押贷款可行性研究［J］. 吉林金融研究，2018（9）.

王曙光，王丹莉. 我国边疆民族地区普惠金融体系构建与机制创新［J］.

中国西部, 2018 (1).

王曙光, 王东宾. 农地金融: 制度、市场与风险分析 [J]. 中国农村金融, 2017 (8).

王宇飞. 论我国农村承包地收回制度的权利逻辑——一个所有权与用益物权关系的分析框架 [M]. 中国政法大学出版社, 2014.

温波, 田杰. 金融支持农村土地流转状况调查——以新疆为例 [J]. 金融发展评论, 2015 (2).

温铁军, 孔祥智, 郑风田, 崔海兴. 中国林权制度改革困境与出路 [M]. 华中科技大学出版社, 2010.

吴普侠, 王海燕. 林权抵押贷款风险的应对措施探究 [J]. 南方农业, 2019 (27).

肖富义, 陈学军. "三权"抵押贷款的探索与完善——以重庆市"三权"抵押贷款支持民营经济发展为例 [J]. 农村经济与科技, 2013 (8).

肖攀. 农村宅基地"三权分置"登记现状与思考 [J]. 中国土地, 2019 (6).

肖鹏, 吕之望. 土地经营权抵押的制约与创新 [J]. 西北农林科技大学学报 (社会科学版), 2016 (4).

肖鹏. 土地经营权的性质研究——基于土地经营权抵押贷款规范性文件的分析 [J]. 中国土地科学, 2016 (9).

肖卫东, 梁春梅. 农村土地"三权分置"的内涵、基本要义及权利关系 [J]. 中国农村经济, 2016 (11).

谢茂康. 衡阳市林权抵押贷款研究与探索 [J]. 金融经济, 2019 (16).

谢郁, 金烨, 张璨. 浅析林权抵押贷款风险及其防范对策 [J]. 北方经贸, 2014 (5).

解黎, 项蔚然, 刘锴, 汪继宁. 信用体系建设助推"两权"抵押贷款发展 [J]. 征信, 2017 (12).

徐友仁. 广西农村"两权"抵押贷款试点迈出坚实步伐 [N]. 金融时报, 2016-7-23.

许经勇. 深化农村宅基地制度改革赋予农户用益物权 [J]. 农业经济与管理, 2019 (1).

阎庆民，张晓朴. 农村土地产权抵质押创新的实现路径［M］. 中国经济出版社，2015.

杨春华，张璟，刘同山. 农村"两权"抵押贷款改革试点情况报告——广西、云南两省（区）四县（市）的调查［J］. 当代农村财经，2017（10）.

杨大光，陈美宏. 现阶段中国农村金融风险分担及补偿机制的主要问题［J］. 经济研究参考，2010（54）.

杨利峰，胡滨. 农村物权融资的几种主要模式［J］. 银行家，2017（1）.

杨英法. 中国农村宅基地产权制度研究［J］. 社会科学家，2016（2）.

衣昊翰，葆青. 发展农村宅基地抵押贷款的困境与对策［J］. 城乡建设，2014（3）.

易忠君，朱红梅. 基于土地承包经营权抵押影响因素分析的动态决策［J］. 资源开发与市场，2014（2）.

尹国荣.《物权法》对农村金融的影响［J］. 湖南冶金职业技术学院学报，2008（4）.

于嘉，杨冰，李娟. 黑龙江省农村两权抵押贷款试点实践与研究［J］. 商业经济，2020（1）.

曾庆芬. 土地承包经营权流转新趋势下农地金融问题研究［M］. 中国农业出版社，2011.

查燕，李维清. 浙江省嘉善县农户土地承包经营权抵押贷款意愿特征及影响因素［J］. 贵州农业科学，2014（11）.

张传华. 我国农村土地经营权抵押担保制度研究［J］. 农业经济，2017（9）.

张冬梅. 物权体系中的林权制度研究［M］. 法律出版社，2012.

张合林. 宅基地"三权分置"的内在要求与实现路径［J］. 江西农业，2019（4）.

张卉林. 农民住房财产权抵押的制度障碍及解决途径［J］. 甘肃社会科学，2015（2）.

张健平. 完善土地用益物权制度保护农民利益［J］. 云南社会主义学院学报，2012（2）.

张兰花,许接眉.林业收储在林权抵押贷款信用风险控制中作用研究[J].林业经济问题,2016(2).

张雪冬.浅析《物权法》中担保物权制度对银行业务的影响[J].法制与社会,2014(33).

张龙耀,王梦珺,刘俊杰.农民土地承包经营权抵押融资改革分析[J].农业经济问题,2015(2).

张莫.多地探索林权抵押风险分担机制[N].经济参考报,2016-12-5.

张宁宁."新常态"下农村金融制度创新:关键问题与路径选择[J].农业经济问题,2016(6).

张日波.农房抵押的浙江实践及改革方向[J].当代社科视野,2014(12).

张少强.农户林权抵押贷款融资的意愿影响因素研究[J].绿色科技,2017(8).

张圣.我国建立动产用益物权制度的价值分析[J].法律适用,2011(3).

张廷梅.贫困县农村金融服务需求分析——以陕西省西乡县为例[J].中国市场,2015(35).

张守夫,张少停."三权分置"下农村土地承包权制度改革的战略思考[J].农业经济问题,2017(2).

张宇雁,王俊春,段丹,寸常兴,董晓旋.保山市"三权三证"政策实施情况及优化策略研究[J].保山学院学报,2019(2).

赵丙奇.农村土地经营权抵押贷款融资效果评价[J].社会科学战线,2017(7).

赵朝振,高崇慧.大理白族地区农村宅基地使用权流转法律问题研究[J].法制与社会,2014(16).

赵崇生.农村金融产权改革的国际经验及启示[J].中国经贸导刊,2005(18).

赵京,王刚.银行业普惠金融:发展现状、存在问题与政策建议[J].中国金融学,2018(3).

赵帅,丁鲁娜.农村土地承包经营权抵押贷款需求影响因素分析——基于泰安市六个县、区的调查数据[J].新疆农垦经济,2014(4).

赵忠世. 关于农地金融问题的几点思考 [J]. 农村金融研究, 2017 (2).

郑风田. 让宅基地"三权分置"改革成为乡村振兴新抓手 [J]. 人民论坛, 2018 (10).

郑立君, 郑再生, 吴建水, 吴妙娟. 农村承包土地的经营权抵押贷款试点实践与建议——以福建省永春县为例 [J]. 福建金融, 2019 (11).

郑志峰. 当前我国农村土地承包权与经营权再分离的法制框架创新研究——以2014年中央一号文件为指导 [J]. 求是, 2014 (10).

中国人民银行发布《中国农村金融服务报告（2014）》[N]. 农民日报, 2015-3-26.

中国人民银行百色市中心支行课题组. 农村承包土地经营权抵押贷款试点：问题与对策——以广西为例 [J]. 南方金融, 2016 (11).

中国人民银行定西市中心支行课题组. 县域"两权"抵押贷款难 [J]. 中国金融, 2015 (24).

中国人民银行眉山市中心支行课题组. 金融创新视角下的农村产权融资法律制度研究——基于农村"两权"融资实践引出的法律问题研究 [J]. 西南金融, 2018 (2).

中国人民银行吉安市中心支行课题组. "两权"抵押贷款试点的难点 [J]. 中国金融, 2019 (7).

钟三宇. 困境与革新：宅基地使用权抵押融资的法律思考——以宅基地使用权的物权使用为视角 [J]. 西南民族大学学报（人文社会科学版）, 2014 (11).

周伯煌. 物权法视野下的林权法律制度 [M]. 中国人民大学出版社, 2010.

周明栋. 农村土地承包经营权抵押贷款试点案例与启示——基于对试点地区2861笔贷款业务的调查 [J]. 西南金融, 2018 (12).

朱晨瑜. 论农村宅基地用益物权制度的实现 [J]. 合肥工业大学学报（社会科学版）, 2017 (4).

朱思源. 论"三权分置"下土地经营权的性质——以《农村土地承包法修正案（草案）》为中心 [J]. 北京政法职业学院学报, 2019 (1).

邹惠. 略论物权法对担保制度的完善及对金融业务的影响 [J]. 黑龙

江教育学院学报, 2008 (6).

邹新阳. 农地金融制度构建研究 [M]. 科学出版社, 2015.

左平良. 农地抵押与农村金融立法问题 [M]. 湖南师范大学出版社, 2011.

Binswanger, H., Deininger, K. The Evolution of the World Bank's Land Policy: Principles, Experience, and Future Challengers [J]. World Bank Research Observe, 1999, 14 (2).

Feder, G. Land Policy and Farm Productivity in Thailand [M]. The Johns Hopkins University Press, 1988.

Lando, D. On Cox Processes and Credit Risky Securities [J]. Review of Derivatives Research, 1998 (2).

Menkhoff, L., Neuberger, D., Rungruxsirivorn, O. Collateral and Its Substitutes in Emerging Markets' Lending [J]. Journal of Banking and Finance, 2012 (36).

Malhotra, R., Malhotra, D. K. Differentiating Between Good Credits and Bad Credits Using Neuro-Fuzzy Systems [J]. European Journal of Operational Research, 2002 (1).

Morduch, J., Armendariz, B. The Economics of Microfinance [M]. MIT Press, 2005.

Novak, M. P. Agricultural Credit Evaluation Modeling: A Creditworthiness Approach [D]. Cornell University, 2003.

Pender, J. L., Kerr, J. M. The Effect of Land Sales Restrictions: Evidvence from South India [J]. Agircultural Economics, 1999, 21 (3).

Stiglitz, J. E., Weiss, A. Credit Rationing in Markets with Imperfect Information, American Economic Review, 1981, 71 (3).

后 记

本书写作花了很多时间精力，非常庆幸的是，可以正式出版了。

首先要感谢云南省社会科学界联合会的鼎力支持；其次，要感谢课题组成员的助力帮扶，他们是云南财经大学金融研究院唐青生教授、中国人民银行昆明中心支行张旭明高级会计师，以及云南财经大学金融学院研究生陈化一和李晓娜等同学，正是大家的共同努力，才使本书研究得以不断深化完善。

最后，还要特别感谢社会科学文献出版社编辑，因为他们呕心沥血的付出，才让这本书看起来更像一本书。

本书由陈爱华总体负责及修改。唐源主要撰写第一章的第二节、第四章及第六章，其余章节均由陈爱华负责完成。

由于相关数据资料有限，以及研究水平有限，书中必然存在诸多问题，还望读者批评指正。

陈爱华
2023 年 12 月 23 日

图书在版编目(CIP)数据

"三权三证"抵押贷款风控机制研究：基于云南的实践/陈爱华，唐源著. -- 北京：社会科学文献出版社，2023.12
（云南省哲学社会科学创新团队成果文库）
ISBN 978-7-5228-2792-6

Ⅰ.①三… Ⅱ.①陈… ②唐… Ⅲ.①农村-产权-抵押贷款-风险管理-研究-云南 Ⅳ.①F832.43

中国国家版本馆CIP数据核字(2023)第219961号

云南省哲学社会科学创新团队成果文库
"三权三证"抵押贷款风控机制研究
——基于云南的实践

著　　者 / 陈爱华　唐　源

出 版 人 / 冀祥德
责任编辑 / 袁卫华
文稿编辑 / 尚莉丽
责任印制 / 王京美

出　　版 / 社会科学文献出版社·人文分社（010）59367215
地址：北京市北三环中路甲29号院华龙大厦　邮编：100029
网址：www.ssap.com.cn
发　　行 / 社会科学文献出版社（010）59367028
印　　装 / 三河市龙林印务有限公司
规　　格 / 开　本：787mm×1092mm　1/16
印　张：12　字　数：190千字
版　　次 / 2023年12月第1版　2023年12月第1次印刷
书　　号 / ISBN 978-7-5228-2792-6
定　　价 / 128.00元

读者服务电话：4008918866

▲ 版权所有 翻印必究